项目信息：2022年度沈阳大学本科教育教学改革重点项目。

跨学科视域下的翻译学研究

李晓楠　著

中国广播影视出版社

图书在版编目（CIP）数据

跨学科视域下的翻译学研究 / 李晓楠著. -- 北京：中国广播影视出版社，2023.9
　　ISBN 978-7-5043-9142-1

　　Ⅰ.①跨… Ⅱ.①李… Ⅲ.①翻译学－研究 Ⅳ.①H059

中国国家版本馆CIP数据核字（2023）第223444号

跨学科视域下的翻译学研究

李晓楠　著

责任编辑	王　佳　夏妍琳
装帧设计	马静静
责任校对	龚　晨
出版发行	中国广播影视出版社
电　　话	010-86093580　010-86093583
社　　址	北京市西城区真武庙二条9号
邮　　编	100045
网　　址	www.crtp.com.cn
电子信箱	crtp8@sina.com
经　　销	全国各地新华书店
印　　刷	北京亚吉飞数码科技有限公司
开　　本	710毫米×1000毫米　1/16
字　　数	238（千）字
印　　张	15
版　　次	2024年4月第1版　2024年4月第1次印刷
书　　号	ISBN 978-7-5043-9142-1
定　　价	68.00元

（版权所有　翻印必究·印装有误　负责调换）

前言

翻译学是一个以复杂的、多质的翻译活动作为研究对象的综合科学系统。就翻译学的体系机构而言，翻译学是由分支学科构成的立体网络系统，结构关系非常紧密，层次多、分支多，因而具有多元性和一定的整体性特征。就地位而言，翻译学一方面因其特殊的翻译对象，与总的科学系统中其他学科进行区分，并因为其特殊的学科属性，与社会文化环境中的非科学进行区分，从而相对独立；另一方面，翻译学又与总的科学系统中其他学科密切相关，并与社会文化环境中的很多因素有着密不可分的关系，因此又具有较强的开放性。就作用而言，翻译学有助于人们认识翻译系统，更有助于人们展开翻译实践。就翻译规律来说，翻译学始终处于一种演化的过程，其内部结构与外部关系在空间上表现为分化与综合的矛盾统一，在时间上表现为分化与综合的不断更迭，从而整体上呈现一种综合—分化—综合的演进关系，其不仅具有稳定性特征，还具有动态性特征。因此，翻译学作为一个系统，其演化的过程必然与系统的一般演化模式相符，同时作为总的科学系统中的一个子系统，必然与总体发展规律相符。可见，从总体来说，翻译学作为一门研究翻译的科学，是由不同学科、不同层次、不同范式、不同流派构成的，存在于特定的科学文化环境中，并不断演化的系统。在其内部，翻译学涉及翻译哲学、基础翻译学、应用翻译学、技术翻译学、历史翻译学等学科，因此，本书从这一视角入手，对翻译学展开研究，撰写了《跨学科视域下的翻译学研究》一书。

本书共包含八章。第一章开篇明义，对翻译学要素展开分析，即基础翻译学，论述了翻译的定义、分类、标准、技巧以及翻译的学科问题与跨学科要素。第二章至第八章从跨学科的角度入手来分析翻译学，主要从历史、文化、文学、语用、文体、生态、技术几大视角入手。其中除了第二章是从中西方翻译理论研究来论述，其他各章体例一致，分别介绍了各种视角与翻译的关系，并探讨了基本的理论，最后通过实践来分析具体的应用策略。

总体来说，本书在撰写中把握了层次性，从翻译学的要素这一基础知识入手，进而探讨翻译的跨学科研究，结构清晰，具有系统性。另外，本书具有创新性，因为传统的书籍大多对翻译历史、翻译技巧等进行研究，本书基于这些层面，从文化、文学、语用、文体、生态、技术多视角入手探究翻译学问题，理论丰富，对翻译实践具有重要的指导意义。总体而言，本书对读者、研究者来说意义非凡，对我国翻译水平的提升必然产生强大推动力。

本书在写作前搜集了诸多与翻译相关的文献资料，并在写作过程中引用了很多相关专家和作者的观点，在这里致以诚挚的谢意，并将相关参考资料列于书后，如有遗漏，敬请谅解。由于作者学识有限，书中疏漏之处实所难免，恳请广大读者不吝指正。

作者
2023年5月

目录

第一章　翻译学要素　　　　　　　　　　　　　　　　　　　1

　　第一节　翻译的内涵与分类　　　　　　　　　　　　　　　2
　　第二节　翻译的标准与技巧　　　　　　　　　　　　　　　9
　　第三节　翻译的典型流程　　　　　　　　　　　　　　　　24

第二章　翻译学的历史视域研究　　　　　　　　　　　　　31

　　第一节　中国译论研究　　　　　　　　　　　　　　　　　32
　　第二节　西方译论研究　　　　　　　　　　　　　　　　　39

第三章　翻译学的文化视域研究　　　　　　　　　　　　　43

　　第一节　文化与翻译　　　　　　　　　　　　　　　　　　44
　　第二节　文化翻译学理论阐释　　　　　　　　　　　　　　51
　　第三节　文化翻译学理论的应用策略　　　　　　　　　　　60

第四章　翻译学的文学视域研究　79

第一节　文学与翻译　80
第二节　文学翻译学理论阐释　85
第三节　文学翻译学理论的应用策略　87

第五章　翻译学的语用视域研究　117

第一节　语用与翻译　118
第二节　语用翻译学理论阐释　124
第三节　语用翻译学理论的应用策略　127

第六章　翻译学的文体视域研究　137

第一节　文体与翻译　138
第二节　翻译文体学理论阐释　140
第三节　翻译文体学理论的应用策略　141

第七章　翻译学的生态视域研究　181

第一节　生态与翻译　182
第二节　生态翻译学理论阐释　184
第三节　生态翻译学理论的应用策略　187

第八章　翻译学的技术视域研究　207

第一节　技术与翻译　208
第二节　技术翻译学理论阐释　216
第三节　技术翻译学理论的应用策略　223

参考文献　229

第一章　翻译学要素

　　翻译作为一种复杂的语言综合技能，因其对世界联系、发展的贡献而引起了广泛的关注。大量专家、学者致力于翻译理论、翻译实践的研究，继而形成了一门新的学科——翻译学。翻译学的出现是时代发展的必然，也是人类生产、生活的必需。本章我们就来探讨翻译学中的几个重要问题——翻译的定义、分类、标准、技巧以及典型流程。

第一节　翻译的内涵与分类

一、翻译的内涵

任何一种翻译活动，不论从内容方面（政治、社会、科技、艺术等）还是从形式方面（口译、笔译、同声传译）都具有鲜明的符号转换和文化传播的属性。作为文化和语言的转换活动，翻译的目的是沟通思想、交换信息，进而实现人类文明成果的共享。没有翻译作为媒介，文化、传统、科技的推广就无从谈起，所以翻译是人类社会共同进步的加速器。

从文化的角度来说，文化具有动态的特点，由于经济的发展、科技的进步，文化也随之发生改变。例如，互联网和电子媒体技术的发展，带来了网络文化的繁荣，才有了今天各式各样的网络语言和网络文化的产生。对翻译活动的参与者而言，随时掌握文化的动态，既要了解世界文化，又要及时跟进掌握母语文化是从事这一行业的基本要求。所以，所有翻译从业人员应该对政治、科技、经济、社会和时事等保持足够的兴趣，随时了解最新信息，才能在翻译实践中做到游刃有余。

翻译的标准有很多，但基本的共识是要达到"信、达、雅"这三个标准。"信"即对原文的忠实，翻译是不可以随意发挥和篡改原作者的语义和情感的。"达"是指翻译的内容要使读者或听者充分准确地理解，令人迷惑不解的译文是不合格的。"雅"是指语言的优美，能让人产生美感。当然"雅"应该是建立在"信"和"达"的基础之上的，没有对原文含义的"信"和表达的通顺，"雅"就没有任何意义了。

翻译中的口译具有即时性的特点，译者往往没有充足的时间做准备，要根据现场情况及时、准确地理解和传达，因此译者需具有更加强大的心理素质和更加广博的知识存储。另外，也有一些对译员的心理和生理条件的要求，比如比较胆怯的性格特点，或者有先天性语病的（口吃、发音障碍等）就不适合担当口译工作。笔译的从业者则要从不同的方面来考虑。

首先笔译要求翻译内容更加准确和优美，为此，译员应该做好充分的准备，包括对原文作者的了解，对材料背景和相关专业知识的学习和准备。只有做足了功课，才能确保对原文语义的精确理解。表达是笔译的第二步，当然表达的准确程度依赖对原文的理解程度。最后还要对翻译的内容进行校对，确保没有笔误，不遗失信息。

翻译的方法可以简单分成意译和直译。意译指的是译者只忠实于原文的语义，而不拘泥于原文的表现形式。因为中外文化的巨大差异，很多词语和表达法在另一种语言中完全不存在或部分存在，这样就要求译者对原文语义有更加全局性的把握，从而在不改变基本语义的情况下，对表达方式做出适当的调整。直译法既能保持原文的语义又能保持原文的形式，包括原文的修辞手法和基本结构，从而既表达了语义，又保留一定的原汁原味儿的异国情调。在具体翻译实践中，不能僵硬地保持意译或直译的风格，采用哪种方式一定是视情况而定的，取决于原文的特点。在绝大多数情况下，需要两种翻译方式的结合，才能创作出理想的译文。

最后说一下翻译者基本素质的修炼。首先，当然是译者要有较高的外语水平，只有这样才能从理解和表达的角度做到准确无误。其次，译者还要有扎实的汉语基础，这和要有雄厚的外语基础是同样的道理。除此以外，译者还应该具有广博的知识储备，丰富的翻译经验和认真的工作态度。只有具备了上述条件，才能成为一名优秀的翻译工作者。

二、翻译的分类

（一）常见类别

不同学者从不同的角度对翻译进行了分类，具体见表1-1。

表1-1 翻译服务的分类

分类角度	类别	解释
符号学角度	语内翻译	将某一种语言的一些符号转换成同一语言的另一类型符号,如方言转换成民族共同语,A方言转换成B方言,古代语转换成现代语。
	语际翻译	指的是将某一种语言的符号转换成另一种语言的符号,这是最常见的、最广为人知的翻译类型。
	符际翻译	指的是将非语言符号系统转换成语言符号,或语言符号转换成非语言符号系统,即不同符号之间的转换,如手语翻译。
翻译材料的语言形态	口译	译员对口头的原材料进行口头翻译,按照源语言与目标语言是否同时发生,可细分为同声传译(包括耳语同传)、交替传译;按照场合的不同,又可细分为联络口译、会议口译;按照口译的实现途径还可细分为现场口译、电话口译、网络视频口译。
	笔译	译员对书面的原材料进行笔头翻译。
翻译活动的专业性	一般性翻译	一般性翻译针对的是一般性的文献和资料,既不属于任何特殊类别,也不涉及精深的专业知识及先进技术。
	专业性翻译	专业性翻译针对的待译材料要么性质属于专门类别、要么涉及某一高度专业化领域,或者采用特定的格式和载体(如多媒体载体、胶片、视频等),甚或翻译该材料需遵循特定的操作程序和协议,又或使用特殊工具或技术(如计算机软件、多媒体资料等)。
翻译内容的领域	文学翻译(包括虚构作品翻译、戏剧翻译、诗歌翻译等)	文学翻译是对各类文学作品,如小说、传记、诗歌、戏剧、故事等的翻译。

续表

分类角度	类别	解释
翻译内容的领域	视听产品翻译	对影视作品的字幕、歌剧或戏剧的字幕、影视画外音、原声音乐歌词的翻译。
	技术翻译	是对所有与专业知识领域、专业技术以及工艺有关的资料文档的翻译。
	哲学作品翻译	是对哲学作品的翻译，它处于文学翻译和技术翻译的"交界处"，因为它不但要求译员具有较高的文学素养，而且要熟悉哲学。
	法律翻译	对法律文本、法令法规、司法文档以及各种合同的翻译。
	军事翻译	对军事领域材料的翻译，如军情报告、军事设备说明书、作战计划、外国情报等。
	商业翻译	对商业文件（如合同、海关文书、发票、运输单证、保险单证）的翻译。
	金融翻译	对金融类文件如公司资产负债表、法人报告、年度财务报表、财务安排、金融合同、证券购买凭证、证券交易文件等的翻译。
	信息技术翻译	对信息技术领域的软件、硬件相关的资料的翻译。
	生物医学和药学翻译	对医学和药学专业领域的资料（例如，实验报告、药理分析报告、研究文献、检测报告、分析报告、药品上市许可申请、治疗方案、出院小结、护理协议等）的翻译。
	建筑翻译	对建筑领域的资料（如施工图纸、施工合同、质量标准等）的翻译。
	学术翻译	对学术性文章、论文、专著、学术会议简报、实验报告、研究报告等的翻译。

（二）口译的分类

口译活动有多种不同的划分标准，下面将主要介绍三种分类。

1. 按翻译形式分类

按照翻译的形式，可将口译分为以下四种。

（1）交替传译

交替传译用英文表示为consecutive interpreting，有时又被人们称作连续翻译或即席翻译，这种口译活动通常都是在讲话人自然停顿的时候，译员将讲话人所表达的信息翻译给观众听。[①] 在交际过程中，无论是单方的连续讲话，还是双方不断地交替谈话，都可以使用交替传译。但通常前者说话持续的时间比较长，所蕴含的信息内容也比较多，译员在口译互动中需要记录笔记；后者则需要译员不断地切换语言，多信息内容进行翻译。

在口译活动中，译员最早使用的口译方式就是交替传译。交替传译这种方式对译员来讲是压力比较小的一种口译方式，说话人通常都会有停顿的时间，译员可将这段时间用于整理笔记和分析说话人想要表达的信息，从而对发言的内容加深理解。即便如此，这种口译的方式依旧有不适用的地方：第一，发言人为方便译员的翻译工作在发言期间总要停顿一下，这对发言人来讲会影响其思维的连贯性；第二，经常停顿会对交流的效率产生影响。

（2）同声传译

同声传译用英文表示为simultaneous interpreting，"同传"是它的简称，有时人们也会称其为同声翻译或同步口译，译员在使用这种口译的方式时，需要和发言人同时说话，一边听发言人讲话的内容，一边用另一种语言将信息传递给听众，但译员所表达的信息通常会比发言人慢半句或一句，并且是断断续续翻译的。因为英语结构和汉语结构之间的差异比较大，所以在翻译的过程中不能逐字地将发言的内容翻译过来，这样是没有办法传达出真正的发言信息的。由此可见，同声传译并没有做到完全的"同声"，所说的"同时"也并不是真正的"同时"。

在同声传译的过程中，译员需要在专门的口译工作间中，该工作间用英文表示为booth，它原本的含义为"箱子"。该工作间具有的最大的特点是隔音，译员在工作间中是通过耳机获得发言人讲话内容的，在对讲话的内容进

---

① 康志峰：《口译的分类、方法和技巧》，《英语知识》2012年第8期。

行分析和语言转换之后，通过麦克风将内容传递给听众，听众通过耳机接听翻译的内容，听众可以通过调整语言的频道听取自己想要听到的语言。

同声传译通常使用在大型的国际会议中，这种口译方式的好处在于不会干扰发言人的思维连贯性，听众也不会在听不懂发言人所说的语言时干坐着，同上一种口译方式相比，同声传译翻译的效率更高。

同声传译是一种难度比较大的口译方式，因此会议需要更加专业的口译人员，口译人员也需要更加专业的设备，这就会导致会议所需的成本提高了，但从口译的质量角度来看，由于其难度的问题，同声传译的质量并没有交替传译的质量高。

同声传译是一种十分复杂的口译方式，这种口译方式要求译员有极高的素质，译员在进行同声传译时通常是听着发言人正在说的内容，翻译发言人上一句说话的内容。同声传译对口译时间的限制也是十分严格的，译员需要在极短的时间内听辨源语言（source language）、预测源语言信息、理解源语言信息、记忆源语言信息以及转换源语言信息；对译入语需要进行监听、组织、修改和表达，同时需要将译入语的译文表达出来。

同声传译的译员需要有优秀的思维能力和高超的语言技巧，才在能较短的时间内，排除口译过程中的干扰，完成会议上的口译任务。考虑到长时间的不间断工作会对译员的脑能量以及注意力造成一定的影响，通常在一场会议中会安排2~3名译员为一组，开展口译活动，并要求每名译员在工作20分钟之后进行轮换。

（3）耳语传译

耳语传译用英文表示为whispering interpreting，这种口译方式要求译员将对方发言的内容以耳语的方式不断传译给另一方。这种口译的方式和同声传译的方式是比较相似的，其不同之处在于传译的对象以及传译的场合，同声传译通常是用在国际会议中，而耳语传译通常是用在接见外宾的场景或参加会晤等场景中；同声传译的对象是大会中的听众，这些听众是一个群体，而耳语传译的对象是个体。

（4）视阅传译

视阅传译用英文表示为sight interpreting，人们经常听到的"视译"就是其简称。视阅传译是一种比较特殊的口译方式，其接受源语言信息的方式是通过阅读，表达译入语的方式则是口头表达，因此，在视阅传译的过程中，译员需要一边看提前准备好的口译文件，一边将语言中的信息通过另一种语言传译给听众。

视阅传译前的准备工作是十分重要的，在口译活动开始之前，译员需要一段时间快速浏览需要翻译的文稿内容，但如果遇到紧急情况，或有保密的需要，译员则没有提前浏览文稿的机会。

人们有时候会将耳语传译和视阅传译归类于同声传译中，因为这三种口译的方式都是连续不断地进行口译活动。

2. 按译入语的流向分类

从译入语流向的角度来看，口译一共可分为以下两种。

（1）单向口译

单向口译用英文表示为one-way interpreting，即口译过程中的源语言就是源语言，译入语（target language）就是译入语，通俗来讲就是译员只需要完成汉译英或英译汉即可，上面提到过的同声传译、耳语传译以及视阅传译就都属于单向口译。

（2）双向口译

双向口译用英文表示为two-way interpreting，即口译过程中的源语言也可以是译入语，译入语也可以是源语言，通俗来讲就是译员既要完成英译汉还要完成汉译英的口译工作，译员需要不断切换这两种语言，最典型的双向口译就是上面提到过的交替传译。

3. 按译入语的直接性程度分类

按照译入语的直接性程度，可将口译分为以下两种。

（1）直接口译

直接口译用英文表示为direct interpreting，即口译过程中只有源语言和译入语，口译的时候也只需要将源语言转换为译入语即可，不需要有其他的中介语言（intermediate language）。

（2）接力口译

接力口译用英文表示为relay interpreting，这种口译方式和直接口译是完全相反的，它不仅需要有中介语言，还有多种不同的译入语，在口译的过程中需要经历二次语种转换的过程，其具体的操作是，先由一名译员将语言译为所有译员都掌握的中介语言，其他的译员再根据中介语言翻译成各自需要译入的语言。例如，在一个口译场合中，来自不同国家的译员都能掌握英语，那么这个时候就需要有一名译员先将汉语译为英语，其他的译员再根据英语译为其他的语言，在这个过程中，作为中介语的就是英语。因为这个口译的过程和接力过程很相似，因此被称作"接力口译"。

第二节　翻译的标准与技巧

一、翻译的标准

人类的思维千头万绪，语言的活动五花八门，翻译的材料各种各样，因而也就决定了语言翻译活动范围的广阔性和多样性。而且，无论什么样的思想只能在语言材料的基础上才能产生和存在，所以自然就要对再现另一种语言的翻译工作提出严苛的要求，为满足这种要求而提出的标准，就是翻译标准。

由于翻译活动并非单纯地对原文的翻译，而是对原文的创造性地再现，所以翻译并非像一些人所想象的那样，是照葫芦画瓢，也不是有一个词就译一个词的堆砌翻译。翻译中所遇到的问题，归根结底是表达问题，即表达原文语言在内容和形式上密切联系的整体中所表达的一切。那么，这"一切"又该怎样表达呢？毫无疑问，应该是准确而完整地表达。

准确而完整地表达，就是要求译者用标准的本族语再现原作者通过语言所表达的一切，既不能有丝毫的削弱、冲淡或夸大、编造，也不能任意重述、改写或简述、剪裁。在任何情况下都必须准确理解原著精神和作者的本质意图，用正确的语言材料予以表达。

翻译不应当逐字死译，也不应当凭主观想象而随意臆造。翻译时，要求译者用简洁而地道的本族语言，本质地再现原作者的思想感情或思维意图。要想做到这一点，必须深入研究原文语言在词汇、语法、词义、表现方法等方面与本族语言的异同，深入了解事物的具体实际。

鲁迅说："翻译必须兼顾两面：一则当然求其易懂，一则保存原作的丰姿。"这句话的意思，就是要求原作思想内容与译文语言形式的辩证统一。

关于翻译的准确性问题，通常从字面上的准确性、意思上的准确性和艺术上的准确性提出要求。然而，语言的活动范围是无限的，而要求译者在无限的语言中达到所要求的准确性似乎是苛求。不过，我们如果把语言材料按照文体加以分类，分别提出准确性的要求，就能够达到接近于实际的准确性。例如，从事科技文献翻译时，应注意以下几点。

（1）技术概念要准确。科技用语是专门反映科学技术知识的语言材料，为此译文的技术概念必须准确。一般译文中出现技术性差错，往往是由于对原文语言理解得不深。正确理解是正确表达的基础，熟通原文语言是保证译文准确的先决条件。

（2）译文说理叙事要清楚，用字用语要简洁。注意避免那种生搬硬套的"死译"和逐词逐段沿着语法轨道堆砌下来的"硬译"。在翻译过程中，要注意词与词、句与句、段落与段落之间的逻辑关系。

（3）做好翻译的技术准备工作。译者不可能在专业知识方面同原作者处在相同的技术水平上，即便技术水平相同，但在每一具体技术内容的理解上也会有差异。因为，凡属原作者的创造性思维，总是包含着新的科技内容，原文所反映的有创造性的一切，大都是他人所不了解的。因此，"懂专业的"和"不懂专业的"人，都必须做些技术知识上的准备。比方说，一个研究电子的技术人员，尽管对电子很熟悉，但是对属于光电子范畴的激光就未必很清楚，所以在着手翻译之前，最好看看与激光有关的技术书籍，做一些技术知识上的准备。

二、翻译技巧

（一）常见的句子翻译

1. 长定语的翻译

英语的长定语包括从句、独立结构等，较之汉语的定语有位置、使用方式、使用频率方面的不同，所以长定语的翻译一直是我们英语学习中的难点。我们学习外语，不可避免地会以母语作为参照，因此外语学习的过程就是摆脱母语干扰的过程。在翻译比较复杂的语言文字时，大脑需在两个语言频道间频繁转换，由于对母语本就自然依赖，此时大脑更容易受母语影响，而长定语翻译的困难之处正在于此。

在翻译实践中，根据原句的特点和句子长短，可尝试运用以下两种翻译技巧。

（1）原句较短，可译成标准的汉语定语句式。例如：

Besides coffee industry, there are many other fields in which Uganda and China can cooperate.

除咖啡产业外，乌中之间在很多其他领域都可开展合作。

（2）原句较长，可将定语从句拆开单译。例如：

After years of economic reform, this country has achieved macro-economic stability characterized by low inflation, stable exchange rates and consistently high economic growth.

经过数年经济改革，这个国家实现了宏观经济的稳定，其特点为低通胀、汇率稳定和持续高速的经济增长。

因为在即时口译翻译中，时间有限，若译成较长的句子，容易产生口误或错误，导致听者理解困难。汉译英时更要注意长定语的翻译，毕竟我们英语的使用不如汉语熟练，如果在长句翻译中稍有语法错误就会影响翻译质量。英文母语使用者首要目的是意思的清晰明了，而不是句式和用词的复杂华丽。

2. 无主句的翻译

无主句是汉语使用中常出现的情况。例如：

医院将提升学术水平作为重中之重，实施科研精品战略，以立足长远、收缩战线、调整布局、突出重点、加强协作、结合医疗为方针，加强学科建设、重点实验室和科研队伍建设，先后培养出5个国家重点学科、18个省重点学科、8个卫生部重点实验室，为获取重大科研课题和重大科研成果奠定了基础。

在这样一个长句中只有开头一个主语。翻译中如果也这样设计句子结构，就会产生非常混乱的感觉。建议具体翻译方案如下：

添加主语：The hospital prioritizes the upgrading of academic capacity and establishment of key disciplines. It practices the "Strategy of Premium Research". It holds on to the Long-term based, concentrated, restructured and concerted guideline which combines with medical service.

被动语态：Key disciplines and key labs are emphasized in the process which resulted in the establishment of 5 national level disciplines, 18 provincial ones and 8 labs of ministerial importance.

在书面和非常正式的场合可用从句：That premium research is practiced as a strategy, that the guideline of long-term, concentrated, prioritized development are emphasized.

3. 替代词的使用

在我们阅读翻译作品时，常感文字表述不顺，很重要的一个原因是，英文替代词的使用要远多于汉语，其中包括代词、名词、助动词、系动词等。此时，我们应该注意依照目标语言的使用习惯进行转译。例如：

沈阳是一个以制造业为经济基础的城市，……沈阳还是一座有着上千年历史的古城。

Shenyang is a manufacturing based industrial city..., it is also a thousand years old ancient city.

I prefer cars made in Germany to those made in Japan.

相比日本汽车，我更喜欢德国车。

另一种替代是用可表示其特点的名词替代。例如：

Both China and the United States are great countries in the world and their partnership will be contributive to world peace and development. <u>The greatest development country and the greatest developing country</u> will certainly play leverage in world affairs.

中美两个大国及其伙伴关系会对世界和平和发展作出巨大贡献，<u>两国在世界事务中将起到举足轻重的作用</u>。

注：英文表述中分别用表示各自特点的名词 the greatest developed country 和 the greatest developing country 替代各自的名称。这样的情况在英文中比比皆是，如提及中国时可用 the fastest growing economy，the most populous country in the world，the ancient oriental civilization 等，提到美国时可用 the most advance economy，the only superpower 等。

4. 三段式翻译

中文表述中常出现多谓语情况。例如：

大连地处辽东半岛南端，风光美丽宜人，是东北乃至东北亚地区重要的海港城市。

这种情况下，建议将次要谓语译为独立结构，另两个谓语译为双谓语句子。翻译如下。

Situated on the south tip of Lidong Peninsula, Dalian is a city of pleasantry and a harbor city of regional importance in Northeast China, even in Northeast Asia.

5. 插入语

英文会使用很多插入语，跟汉语相比这是较为独特的现象，在翻译中应该注意句子成分位置的变化，以达到更加地道的语言表达效果。例如：

Another impediment to archeological research, <u>one of worldwide concern</u>, was the increasing resistance to excavation of the remains of indigenous inhabitants.

<u>令世界关注的</u>另一个对考古研究的阻碍是人们对当地居民遗产发掘的抵制。

Zookeepers know, <u>to their despair</u>, that many species of animals will not bread with just any other animal of their species.

令他们失望的是，动物饲养员知道很多动物并不随意与同类交配。

6. 句子成分转换

一些经验不足的译者往往会进行字对字的翻译，经常费力不讨好，且译出的语言文字显得不伦不类，有时甚至令人费解。实际上翻译是一个思想传递的过程，而非一味追求语言的绝对忠实。例如：

装备制造业是国家工业化、现代化的标志，也是国民经济的基础，是一个国家竞争力的体现。

Capacity of Equipment manufacturing indicates industrialization and modernization, underlies national economy and backs up national competitiveness.

上例中，将原文的宾语译成了谓语。

7. 省略法

下面以日语中省略词的使用为例展开分析。

（1）人称代词的省略

日语句子的省略主要是以省略句子的主语、谓语等句子中的某些部分。这在日常生活中非常常见。比如：

A：今日（あなた）はどこへ行く？（你）今天去哪啊？

B：（私）どこでもいいよ。（我）去哪都行啊。

例子中，分别省略了主语あなた和私。这是日本人的表达习惯，在对方不会产生误解的前提下，只用最简单的词语来表达自己的想法或意愿。翻译时按照汉语的表述习惯，通常需要加上主语，以便更好地理解对方的意思。

（2）词语的省略

词语的省略现象出现在日常生活用语、网络用语、店名、人名等各个领域。和汉语中的很多省略语一样，通常应用于年轻人之间。如果和上了年纪的老年人用这种词语交流的话恐怕是行不通的。下面，我们来看一下具体的例子。

标准语	省略语
すきっ腹（饿肚子）	スキッパ
同じ中学校（同一所中学）	おなちゅう
ファミリーマート（日本便利店的名字）	ファミマ
ホームページ（网页）	ホムペ
木村拓哉（きむらたくや）（日本男演员的名字）	キムタク
いたずら電話（骚扰电话）	イタ電

（3）形容词的省略

日本年轻人总是觉得形容词又长又麻烦，所以省略了形容词的某个部分，或者用其他语句代替形容词。我们来看下面的例子。

标准语	省略语
速い（快）	ハヤッ
おおきい（大）	デカッ
気持ち悪い（心情不好）	きもい
うるさい（吵闹）	るせー
気色悪い（脸色不好）	きしょい
ながい（长）	ナガッ
危ない（危险）	あぶい
難しい（难）	ムズイ

（4）动词的省略

与名词、形容词相比，动词省略的数量较少。通常是将一个词组或者短句由一个动词来表示。比如：

标准语	省略语
カラオケに行く（去唱歌）	オケる
お茶を飲む（喝茶）	お茶する
詐欺にあう（遭遇欺诈）	さぎる
タクシーを利用する（乘出租车）	タクる
タバコを吸う（吸烟）	タバコする

第一章 翻译学要素

（5）外来语的省略

外来语是用片假名来标记外国语言的发音。如果完全用片假名来表达的话，句子经常会有很长的状况，不方便表达。为了避免这种情况，日本年轻人进行了省略。一般来说，只保留外来语前面的两个或三个片假名，后面的片假名省略。例如：

标准语	省略语
ストライキ（罢工）	スト
リストラクチエアリング（裁员）	リストラ
アルバイト（打工）	バイト
スーパーマーケット（超市）	スーパー
コンビニエンス・ストア（便利店）	コンビニ
レジスター（收银台）	レジ

（6）KY型日语

KY型日语是由单词中每个罗马字的第一个字母混合在一起组成的。比如：

标准语	省略语
女子高校生（jyosi koukousei）（女高中生）	JK
とてもブスナ少女（totemo busuna syoujyo）（很丑的女孩）	TBS
ハンドルネーム（hanndoru ne-mu）（用户名）	HN

由于日本特有的尊卑关系和内外意识，日本人在使用人称代词时都非常谨慎。日语的称呼根据人称的角度分为"自称词、对称词和他称词"，即第一人称、第二人称、第三人称代词。

第一人称和第二人称代词在家庭里的使用情况：

日本的家庭成员之间如何使用第一人称和第二人称代词，主要取决于年龄和地位。日本人不仅重视尊卑而且还有很强的"内"和"外"的意识，汉语中没有这种"内"和"外"的底蕴。所以，在使用人称代词的时候也就不会像日本有那么多的区分场合。但日本的夫妻之间，由于日本人长期受男尊女卑思想的影响，通常是夫在上、妻子在下。这样的话，在本人之上的有：

祖父母、叔（伯）父母、父母、兄、姐；在本人之下的有：妻子、弟、妹、侄子、侄女、子女、孙子女等。在对上讲话时，一般情况不能用第二人称"あなた"，而要用第三人称或是称谓。例如：

对父亲说话时：

「この本はあなたの？」（×）

「この本はお父さんなの？」（√）

而对下则可以使用第一人称代词。例如：

父母对儿子说话时：「この本はあなたの？」（√）

这一点与中国的习惯是不同的，通常情况下汉语里的第一人称代词是可以直接使用的，一般没有区分上下等级。

还有一种情况，对新婚的年轻夫妇，有些直接称呼对方的名字，但更多的情况是丈夫称呼妻子的名字，而妻子在称呼丈夫时使用第一人称代词"あなた"（你）。例如：

あなた、ご飯よ。（亲爱的，吃饭了。）

私、あなたに相談したい事がある。（我想和你商量件事情。）

此外，与汉语有所不同的是日语中对小孩讲话可以把第一人称代词可以当作第二人称代词来使用。例如：

ぼくこれほしいの？（你想要这个？）

ぼく、何歳？（你几岁了？）

还有些年轻妇女也用"ぼく""ぼくちゃん"来称呼自己的丈夫。这种话情况下的第一人称代词当作第二人称代词来使用。

第一人称和第二人称代词在社会上的使用：

在日本的社会等级制度划分是非常清楚的，这与中国完全不同。特别是在第一人称代词和第二人称代词的使用上，当下对上讲话时一般不适用"あなた"来称呼。例如：

「先生の奥様のお加減はいかがですか？」（先生的夫人身体好了吗？）

对于汉语的习惯来说"（您）夫人的身体好了吗？"如果是上对下的时候可以使用人称代词，例如：

"君の奥さんよくなったかね。"（你夫人身体还好吗？）

中日第三人称代名词的使用区别：

17

"他"日语中用"彼","她"日本语用"彼女"分别来表示,但是由于"彼"和"彼女"在日语中还可以表示爱人或者是(男)女朋友的意思,所以在翻译日语第三人称时需要注意。在容易产生误会的场合下要避免使用"彼"和"彼女",而使用"こ(あそ)のかた"和"こ(あそ)ちら"来表示为好。

总而言之,人称代词在各种场合都有其特定的用法,会因性别、上下级以及关系亲疏的不同而使用不同。也就是通过使用人称代词来暗示给他人和自己之间的亲密关系,远近以及上下的等级关系。可以看出,日本人在语言使用上是以自己(说话人)为中心划定一个范围的。如果说话人认为对方是外人就会用敬语,认为是自己人,就使用不带敬语的但会令人倍感亲切的语言。这种把人区分为"内""外"的意识,影响着日语的人称代词的使用以及表达方式的选择。日语中根据上下关系、亲疏关系的远近而使用不同的表达方式正是日本的说话"内"和"外"意识的体现。对地位比自己高的人、自己不熟悉的人,在说话人看来是"外",因此用敬语。在自称上用"わたくし""わたし"。对地位低的人,自己熟悉的人、朋友、亲属等,在说话人看来是属于内。从这一点很明显的看出与汉语人称代词的使用相比,汉语没有日语的场合区分的情况那么多。汉语中的人称代词不像日语那样复杂,都能灵活的使用。例如,第一人称"我"就是指说话人自己,没有性别的区分,也没地位的区分,第二人称为"你"和"您","您"就是已经表示敬意,无需再添加什么接头词表到敬意。"您"的敬意程度高于"你"。一般情况下,如果听话人的身份、地位高于说话人时应使用"您"。第二人称也与第一人称一样也没有性别的区分。值得一提的是,在日语里如果两种人称代词一起使用的话,则可表示一个整体。例如:

大家……,你说我,我说你。

例句中出现的"你""我"就不指个人,而是指"大家"这个整体。它们中存在一种"相互"的意思。而第三人称的"她""他"与日语中的[彼][彼女]一样,也有表示"爱人"或"男(女)朋友"的用法。另外,汉语中对身份、地位高的人不使用"他""她",而相应使用"她老人家"或"她老"。直到近代汉语中的第三人称代词才有"她""他"的性别之分。

日语的人称代名词无论是种类数量上还是省略的使用上都非常丰富,但是日常生活中使用的频率却比汉语的低。中日人称代名词之所以存在差异，是因为中日两国的文化背景和人称使用差异。日本人在日常的言行中总是考虑对方的身份情况，然后再选择恰当的词语进行交流。特别是在与陌生人交谈的时候，会充分了解对方的身份和地位来选择恰当的人称代名词，这与中日两国涉及的文化背景不同有着很深的关系。从这些不同的地方更好的来体会来自日本这个民族特有的文化以及来自民族自身的文化传统，达到更深一层次了解日本和日本社会的目的。

另外，中日词语不仅是在读音、书写上有着相似点，在词语含义方面也有相同相异之处。日语学习者必须在充分并全面掌握中日同形词词义的基础之上，才能避免中日词语使用混乱的现象。针对此现象，笔者就日语词典《国语词典》与汉语词典《现代汉语词典》中的二字汉字同形词的数量及含义进行了调查。结果显示，《国语词典》中共有词条6.2万个，其中二字汉字词6726个，占总词汇量的10.8%。中日同形二字汉字词有3071个，占二字汉字词总数的45.7%。从词义方面来讲，同形同义词的数量居多，共计2766个，占中日同形二字汉字词总数的90%；同形异义词82个，占中日同形二字汉字词总数的2.7%；既有相同含义又有不同含义的同形词223个，占中日同形二字汉字词总数的7.3%。

由此可以看出，虽然中日同形词所占比例偏大，但也含有一定数量的同形异义词。这些同形异义词在学习者的日语运用当中也成了难点之一，令众多学习者望文生义的情况也是时有发生。下面，笔者以几个词为例，详细介绍一下中日同形异义词的差异所在。

"勤劳"一词在汉语中的意思是"努力劳动、不怕辛苦"。比如说：

这里的人们是勤劳、勇敢的人民。（ここに住んでいる人たちは勤勉で、勇敢な人々である。）

——中日辞典

但是，在日语中"勤劳"却只含有"工作、劳动"之意。比如说：

すべて国民は勤労の権利を有する。（一切国民都享有劳动的权利。）

——新日漢辞典

勤劳大众。（劳苦大众。）

——日中辞典

通过以上几个例句的对比来看，中日两国对"勤劳"一词的理解是截然不同的。在汉语里，"勤劳"是形容词，用来修饰名词。而且，从褒贬意义上来讲，是褒义词。经常用于表扬他人的情况。但在现代日语中的"勤劳"完全没有这个意思，是名词。可以翻译成汉语的"劳动"。比如说："勤劳意欲"翻译成汉语"劳动积极性"。

再比如说"喧哗"一词。汉语意思是"声音大而杂乱"。通常用于笑声、大声说话等场合。

门外一阵喧哗，原来是第二大队报喜来了。（門の外が騒がしくなったと思ったら、第二大隊が喜びの知らせを告げに来たのだった。）

——中日辞典

然而，"喧哗"在日语中的意思是"争吵、打架"。例如：
つまらないことで喧嘩する。（因为琐事而争吵。）

——日中辞典

汉语中的"喧哗"有大声吵闹之意。在现实生活中我们也经常会看到，比如说会议室、医院、电影院等需要安静的地方，经常可以看到"请勿喧哗、禁止喧哗"等字样。如果翻译成日语，应是"静粛にしてください"，绝对不是"请不要争吵、打架"的意思。

（二）功能对等翻译

1. 词汇层面的翻译

严格来讲，英汉词汇之间并非对应关系。对汉语特色文化词语在英文文本中的翻译，其在功能上的对等是指汉语意义可用不同的英语表达方式来体现。因为译者在翻译过程中的首要目标应是使原文和译文处于内容和信息对等的关系，而非追求原文和译文是同一语言表达形式。例如：

直到1953年12月，第一版《新华字典》才终于杀青付梓。

It was not until December 1953 that the first edition of *Xinhua Dictionary* was finally available.

成语"杀青付梓"意为"写完著作，完成作品且书稿雕版印刷"，对西方读者而言，这一个中国古代书籍的制作流程是较陌生的，如完全根据原意翻译未免过于啰唆、生涩，所以在译文中，通过改变词汇形式进行处理，又根据英语表达习惯，对流通的商品一般使用"available"表达，因而选择这一词语以实现原文和译文词汇层面上的对等。

总之，初学者得之，固以为的所依傍，实则未能解决问题，或仅在解决与不解决之间。

In a word, when beginners got it, they may take it for grounded that they can count on it, but in fact the problem still remain unsolved in their head, or only in-between.

根据功能对等论，译者不能苛求原文形式，所以句末的"或仅在解决与不解决之间"就没有必要死板地直译成or just between resolving and not resolving，应灵活地进行改变，译成符合英语读者逻辑思维和表达习惯的译文，所以用in-between一词代替，避免词语的多次使用造成句子的冗杂和拖沓。

2. 句子层面的翻译

奈达认为，在必要时翻译不应过分强调与原文完全对等，而应在充分理解原文的基础上，根据目的语读者的逻辑思维关系，及时、恰当地改变原文的表达方式，使译文符合目标读者的逻辑思维和表达习惯。例如：

按理说，有这样一个专业的团队，凭借这样的敬业精神，编出一部高质量的字典指日可待，事实却并非如此简单。

It's reasonable to say that with such a professional team and such dedication, the preparation of a high-quality dictionary was just around the corner, but the fact showed otherwise.

句中"事实却并非如此简单"，如按字面意思译为But the truth was: it's not that simple虽无错误，但根据句法对等原则，译者需明确句子中心及句子各层次之间的关系，进而更加细微地厘清句子中涉及的各种细节。在分析后便可知此句表达的意思是要和"指日可待"形成对比，为更好地传递原文意思，译成but the fact showed otherwise，不仅强调了原文目的，将fact作为主语后，句子也更显灵活生动，简明干练。

当送达终审者叶圣陶手中时，这位专家型的领导肯定"辞书社所编字典尚非敷衍之作，一义一例，均用心思，但还是感觉其普及性明显不够，唯不免偏于专家观点，以供一般人应用，或嫌其烦琐而不明快"。

When it was delivered to the final reviewer, Ye Shengtao, the expert leader affirmed that "The dictionary is not perfunctory, and each interpretation is specified, but still I feel that its popularity is obviously insufficient, only it is not biased to the expert's perspective, and suitable for the public, as well as not cumbersome yet crystal clear, it can be considered as a qualified one."

中文以意群划分句子，英文以结构划分句子。本句围绕字典的优劣进行阐述，单独成为一个分句，每个小句主语不停变化，从字典的普及性到专家再到普通民众，形容词也不停随之变化。根据"句法对等"的要求，目的语读者应该能像源语读者理解原文那样来理解译文。要实现这一点，就需在必要时改变原文形式和结构，确保译文在语法上、文体上无生硬表达，避免翻译腔。所以，在翻译每个小句时添加连接词，如but, and, as well as, yet以连接成句，使译文既实现句意的完整，又保证结构的连贯。同时增译了it can be considered as a qualified one，因前文中虽在提出"所编字典"的不足之处，但实际上也在传递一本合格字典应达到的要求，所以通过增译将原文更深层次的信息表达出来。

3. 语篇层面的翻译

在话语模式上，汉语表达偏含蓄委婉，注重铺垫，在语篇中主要采用断续分离和间接表达，更追求行文的节奏和韵律。[①]但英语国家属于纵向思维模式，表达习惯思想开放，直接切入主题，语义关系一目了然。由于中西方文化的差异，便可在翻译过程中调整语序，使文章连贯一致，符合英语表达的特点。例如：

在"国语运动"推行40多年之后，以北京音为民族共同语，以白话文为书面表达文字，这些已经深入人心的成就第一次以字典的形式确认下来，并以更强大的影响力广为传播。

---

① 郭建中：《翻译文化因素中的异化与归化》，《上海外国语大学学报》1998年第2期。

These achievements, after more than 40 years of the implementation of the National Language Movement, Beijing dialect was adopted as the national common language and vernacular Chinese as the written language, have been deeply rooted in people's hearts, confirmed in the form of a dictionary for the first time and widely spread with a much stronger and further influence.

语篇对等要求译者在翻译时注意整体结构，理解全文和各部分之间的联系，把握文章本意和细节，准确传递原文信息。这一部分属于全文总结部分，但这些句子所构成的语篇也为下文做了铺垫。由于英语中语义关系表达直截了当，更偏向于在表达时"先结果，后过程"，据此，便在译文中改变语序，将These achievements前置，通过同位语对其加以解释和补充，再用with的复合结构作为伴随状语衔接后续内容，将原文意思准确表达的同时也更符合英语表达习惯。

由于编撰者特别注重了"广收活语言"和"适合大众"，这部字典比较真实地反映了民间汉语言鲜活的状态，能够让广大民众携至街头巷尾、田间地头，实用且亲切。在国民基础教育未能普及、文盲半文盲数量巨大的过去数十年里，一部《新华字典》无异于一所没有围墙的"学校"。它为这个民族整体文化素质的提升，做出了巨大贡献。

Because the editors paid special attention to "the wide acceptance of vivid language" and "suitable for the public", so this dictionary can truly reflect the lively state of the folk Chinese language, as it can be carried by the general public to everywhere, and contained with practical kindness. In the past decades, when basic education was not widely popularized and the number of illiterate and semi-literate people was huge, a Xinhua Dictionary was no more than a school without walls, which has made great contributions to the improvement of the overall cultural quality of the nation.

功能对等首先注重的是对原意的完整传达，其次才是考虑译文与原文形式上的对等，即译文是否与原文的形式和顺序一致并非首要，使译文能够准确地传达原文意思并且符合目标读者的表达习惯更为关键。在语篇结构上，英语注重语法结构，汉语注重语义表达。因此，在语篇翻译时，考虑到英语读者的阅读习惯，对部分篇章的结构和语序进行了调整，如将文中的最后两句话"在国民教育……巨大贡献"进行合并后以更为流畅的行文结构进行陈述，同时，为达到英语表达的连贯性，用as，with，which等词引导小句以衔接上下文，以干练顺畅的语言进行翻译，体现英语表达的逻辑性和结构性。

第三节　翻译的典型流程

整体而言，各种翻译服务类型的操作流程大致相同，一般包括以下12个步骤。[①]具体见图1-1。

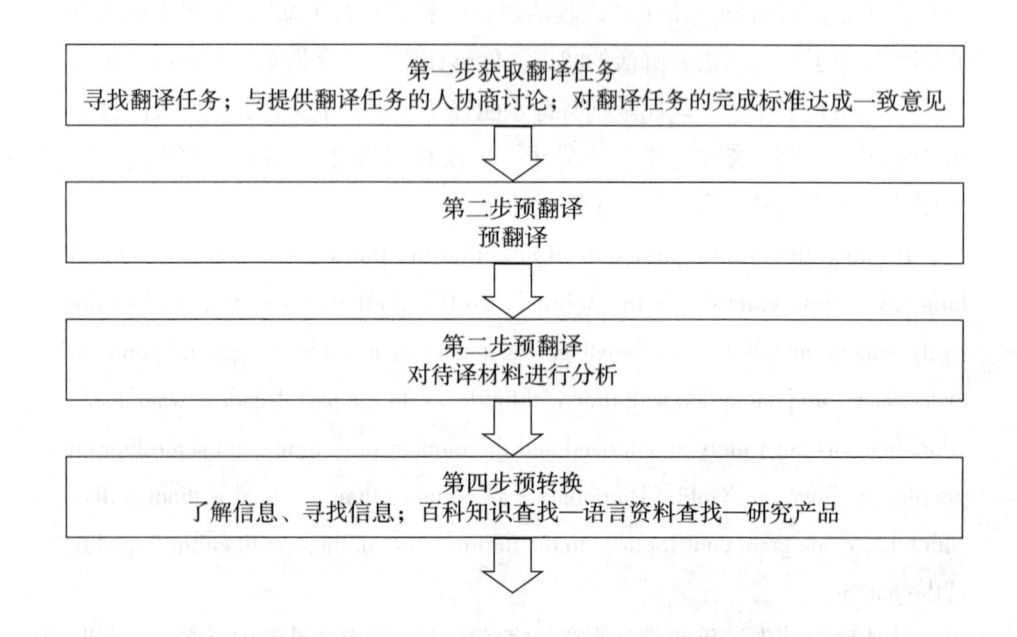

```
┌─────────────────────────────────────────────────────┐
│              第一步获取翻译任务                       │
│  寻找翻译任务；与提供翻译任务的人协商讨论；对翻译任务   │
│  的完成标准达成一致意见                              │
└─────────────────────────────────────────────────────┘
                          ↓
┌─────────────────────────────────────────────────────┐
│              第二步预翻译                            │
│              预翻译                                  │
└─────────────────────────────────────────────────────┘
                          ↓
┌─────────────────────────────────────────────────────┐
│              第二步预翻译                            │
│              对待译材料进行分析                      │
└─────────────────────────────────────────────────────┘
                          ↓
┌─────────────────────────────────────────────────────┐
│              第四步预转换                            │
│  了解信息、寻找信息；百科知识查找—语言资料查找—研究产品 │
└─────────────────────────────────────────────────────┘
                          ↓
```

---

① 达尼尔·葛岱克：《职业翻译与翻译职业》，外语教学与研究出版社，2011，第12页。

```
第五步预转换
原材料（术语、惯用语等）到位
        ↓
第六步预转换
确定翻译需要的版本和相应标准
        ↓
第七步翻译—转换
翻译—转换
        ↓
第八步转换后
通过校对和审校进行质量监控
        ↓
第九步转换后
修正和改动
        ↓
第十步翻译后
定稿/翻译定级
        ↓
第十一步形式和载体处理
        ↓
第十二步提交任务
```

图1-1 翻译的典型流程

一、获取翻译任务

翻译项目提供者（即翻译服务需求者）通过招标或其他形式提出翻译任务及其要求，当翻译项目提供者对某个应标的翻译服务公司或个体译员的能力和资历满意时，双方可以就翻译服务的质量标准和完成任务的时间、条件、交稿方式、期限和付费标准达成协议。然后，翻译项目提供者将待译材料（如文本，文件代码、信息、磁带及其他材料）交给翻译服务公司或个体译员。

二、接收和检查待译材料并制定翻译计划

翻译服务公司或个体译员拿到待译材料（文本、文件、代码、信息、磁带等）之后，需要对其进行检查，确保拿到的材料没有任何问题。必要时，译员甚至需要在翻译之前对待译材料作一些特别的处理，有时候是很复杂的处理，如拆解软件、提取代码、使用网上帮助、将文档植入机辅翻译程序、对文件进行确认并数字化等。如果翻译量很大或需要很多操作人员的参与，则翻译服务公司（往往是项目经理具体负责）或个体译员需要制定运作计划，以确定每个人的职责、任务执行的时间点、需要多长时间、使用何种方式及需要何种资源。

三、待译材料的分析和翻译模式的选择

为了保证译文的质量，译前需要对待译材料进行分析，因为对待译材料的分析会帮助译员发现难点与疑点，确定需要查找信息的部分，并整理统计出需要与翻译项目提供者澄清的问题。此外，因为翻译工作的执行存在多种方法与模式，因此实际上翻译就是一种抉择活动。如果条件允许，译员应该与同事们就这些翻译模式的选择进行讨论，以征求其他译员对自己所选翻译模式的意见。

四、寻找信息，弄清楚待译材料亟待解决的问题

为了有效地进行翻译工作，译员需要对待译内容做到了如指掌，即译员不仅要了解表面内容，此外还需了解所有的相关先决条件（尤其是作者的目的与写作意图），以及了解翻译材料必需的条件。特别是当待译材料的主题

不是译员所熟悉的领域时，译员应该想方设法、利用一切途径（例如，咨询原文作者、翻译任务的客户、翻译同行或同事，或借助互联网对原文进行分析研究，或向相关技术人员请教，或者阅读相关领域的资料，或参加培训），争取透彻理解该待译材料。

六、确定翻译需要的版本和相应条件

在翻译工作真正开始之前，译员需做两件事：其一，创立一个将文本之外的内容剔除的待译版本。必要时还需要对该待译版本进行格式处理，如选择页面字体、确定方位标等；其二，译员搜集并准备必要的硬件和软件条件，以及完成翻译工作所需要的技术设备等。

七、转换

在此步骤，译员真正进行语言转换。在这一过程中，译员需要为了准确理解待译材料，而去查阅字典、资料，获取自己欠缺的知识；译员需要利用相关的软件和技术，启用翻译主题相关的表达模式、词汇和表达方法，以确保翻译质量。

八、校对和审校

译员的翻译工作结束后，需要对其译稿进行检查和核实，以确保全部内容都已翻译完成，而且译稿意思正确、清晰易读，符合翻译项目提供者的特殊要求，符合源语言材料与目标语言材料相吻合的原则，即意义吻合、目标吻合、目的吻合、目标使用者的需要吻合。

严格意义上而言，校对工作是对译文的拼写错误或语法错误进行纠正，但不对译文进行润色或其他修改。审校人员不仅纠正译文错误，并在必要情况下对译文进行润色，补充完善译文来保障译文的语言、技术及翻译质量。对非常重要的翻译任务，往往会进行多轮校对或审校。

九、修正及改编

一般而言，针对校对和审校人员给出的意见，译员负责对译稿进行修正或完善。但是实际工作中，有时审校人员会在译员不知情的情况下对译文进行修改。

改编主要根据特殊约定（例如规章制度），或因为所针对的目标群体的改变，或因为载体的改变，又或因为设计格式的改变，需要对译文进行改编。

十、确认/鉴定

对非常重要的资料，如涉及经济或技术风险、翻译需求方的形象或品牌时，一般要对翻译成品进行确认。

十一、排版和载体处理

在完成译文校对、审查、修正和确认这些译后步骤之后，需要将译文材料的各个部分组合在一起进行排版，再选择合适的格式，将排好版的译文放到最终传播载体上。

十二、提交任务

翻译服务提供方将译文提交给翻译服务购买方,标志着翻译服务的终结。

第二章 翻译学的历史视域研究

语言在人类文化的发展和传承过程中有着不可撼动的地位。作为不同语系桥梁的翻译工作在人类源远流长的文化历史中起着很大的作用，所以我们要研究翻译的历史。翻译史研究也是对整个人类的人文性质的一种探究。探究翻译的历史一般是对历史的研究以及批评研究。假如翻译史研究有所缺失的话，会对整个翻译研究的进程和完整度造成影响。在译史探究方面我们不单单要研究历史方面的问题还要更进一步地向史学上进行深入探讨。翻译历史的探究不是把眼光放在书写上，而是要研究出适合自身的翻译史学理论。

第一节 中国译论研究

一、中国翻译史

（一）翻译史研究的对象、视角、类型与意义

1. 翻译史研究的对象

曾经有位名人说过"'历史'一词有两种意义。它既指过去实际发生的现象，也指历史学家的著述中对那种过去发生的现象的记述"。由此可知，翻译史所要研究的就是在翻译发展过程中的一切现象。它包括从翻译产生开始到如今的所有关于翻译的事情，如翻译了哪些事、有哪些翻译活动、什么机构参与翻译、翻译都有些什么派系等。所谓的中国翻译史，就是在众多的翻译史中突出中国的部分，因此中国的翻译史，重点研究对象就是我国的翻译现象。

2. 翻译史研究的视角

翻译史的研究视角主要有：

（1）从传统方面来看就是时间和空间的角度。这一种最为常见，其既可以探究单个国家的翻译史，也可以探究在特定时间段的翻译史。例如，时间上的有德国翻译史，空间上的有法国浪漫主义时期的翻译史。

（2）从文体类型的角度来看，有侦探小说的翻译史、散文翻译史、科技文翻译史等。

3. 翻译史研究的类型

翻译史研究的类型也是多种多样的，它可以探究一个区域或是国家发生的翻译现象，可以探究一个时间段内的翻译现象，还可以是某一从事翻译工作的机构或是单位；又或是某个类别的案例探索，像是宗教类的佛经、《圣

经》的翻译史探究，等等。翻译史发展到今天，翻译史的类型分类已经不再是绝对的了，各个类型的探究开始相互融合、互相渗入了。

4. 翻译史研究的意义

研究翻译史是为了为今后的翻译工作提供一种借鉴。当翻译工作者的工作遇到某些问题时，翻译史可以从历史出发给出先人的经验和做法。翻译学是一门新的学科，它产生的时间并不长，人们对它的认识也并不多，所以翻译史研究的意义就在于让翻译学获得其应有荣誉的同时，还要整合翻译研究中的许许多多不同的派系以及方法。翻译史在翻译学的学科建设以及今后的发展中是一个重点环节。

（二）研究翻译历史的方式

1. 传统研究

在译史研究的早些时期，传统研究为了不让研究人员渗入主观思想，通常是以时间段（如朝代、世纪还有社会类型）将其分为几个彼此独立的点，然后依据这几个点以发生的顺序记录存档。虽然传统的研究方式在历史资料的整理上有着明显的优势，但是对于发生的具体事件的理解与整体的联系上的分析确实有着很大的不足。因此，其研究所得的成果也受到研究者的质疑。所以，传统的译史研究要让大众普遍接受其研究的价值就必须对其不足之处加以完善。

2. 文化研究

文化研究是近代才产生的对翻译史研究的方法，它正在被更多的译史研究人员所接受。文化转向这种崭新的研究思路不仅拓宽了研究的视野，还为翻译研究提供了新的方向。由于研究文化转向观点的出现，译史研究的角度渐渐开始将文化与翻译进行互动并从中来把握翻译的历史，使用这种方式研究人员获得了巨大的成就。皮姆所著的《翻译史研究方法》是以文化转向为背景反思了以往传统研究的利弊；《翻译研究》是由巴斯奈特所著的，它的创新性在于用文化的视角来看待译史所具备的开拓性探究；《译者的隐身——一部翻译史》的作者是韦努蒂，这本著作的名字即可体现它的思想中心。我国在这一过渡时期也出现了一系列的代表作品，包括首部用文化视角看译史的作品《翻译文化史论》，其作者是王克非，还有谢天振所著的《中国现代翻译文学史》。从文化角度研究译史是给译史研究新的生命力。凡事有利就有弊，它过多地融入了翻译人员的个人意识，这就对其原有的逻辑有所偏差。传统与文化这两种译史途径既有其特有的优势又有着显而易见的缺点。要怎样将其合理运用，找到实践与理论之间还有记叙与解释的平衡点就是研究人员今后的工作重点。

二、中国近现代翻译理论

随着时代的发展，翻译已经不是简单的文字符号间的转化，文化交流的重要性越来越受到关注。获得较好的阅读感受，才有助于进一步地推进文化之间的深入交流。而林语堂在英语文学的造诣，对中西文化交流及形成之后的翻译标准都是十分重要的。

《论翻译》是林语堂最为系统和全面论述其翻译理论的文章。该文章是1933年林语堂为《翻译论》所作的"序"。在此文中，林语堂提出了翻译的三条标准，即忠实、通顺和美。忠实的程度大致可分为直译、死译、意译和胡译四个等级；通顺的标准是将句子的意义摆在首位，然后才是准确地翻译字词的含义；美的标准指的是理想的翻译家应该将其工作当做一门艺术，翻译即艺术。提到林语堂的翻译标准，很容易让人联想到严复提出的"信、达、雅"，两人都是20世纪中国著名的翻译家。

严复的"信"可以解释为译文要准确得当，不要随意地进行增译和减译，译文的意义不能偏离原文想要传递的信息。"达"指的是译文和原文属于两种不同的语言系统，译文可以不必拘泥于原文的形式，译者要使译文符合目的语的语言表达规则，达到通顺易懂的目的。而"雅"指的是译文的语言要优雅得体。严复的翻译理论奠定了中国翻译理论的基础。可以说是20世纪最有影响力的翻译理论并一直被沿用至今。三个标准被认为是翻译理论的典范，对中国翻译界产生了深远的影响。而林语堂对严复翻译观的发展，在于他对翻译的态度以及提出了翻译美学。

林语堂认为翻译是一门艺术，翻译艺术的创造要求译者具备三种能力。首先是译者需要深入理解原文的文本和内容；其次是需要具备相当的汉语水平，汉语表达流畅；最后是译者要进行足够的翻译训练，译者对翻译标准和操作的问题有合理的看法。林语堂翻译理论的"忠实、通顺、美"可以理解为译者所担负的责任，即对原文负责，对读者负责，对艺术负责。林语堂所追求的翻译已不仅局限于将源语言作品真切地传达给目的语读者，他已经意识到读者在"翻译"这项活动中所占有的地位，将"译文"升华到了"艺术品"的高度。林语堂把严复的翻译理论从纯文本技巧提升到文学心理学的高度，把"翻译美学"作为翻译的最终标准，是中国第一个将美学思想融入翻译理论的翻译家，并且系统地总结和研究了"翻译美学"的原则。"翻译美学"的提出让中国翻译理论又前进了一步。

1. "忠实"标准

"忠实"摆放在林语堂翻译标准的首要位置，可见其重要性。"忠实"并不是简单的逐字翻译。译者应该将意群作为翻译的最小单位，译文才能准确传达意思。此外，译者和作者是完全不同的个体，在林语堂看来，绝对的忠实是不可能的。在"忠实"这一翻译标准中，林语堂也提到译者的理解能力对于传达源文本隐含义至关重要。如果译者能达到这两个标准，就可以称之为"忠实"。"忠实"标准实际上所指代的意思便是"忠实于原文"。这条标准在许多翻译家的翻译理论中均有体现。比如：我国著名翻译家严复所提出"信""达""雅"中的"信"指的便是"忠实于原文"；再如西方语言学翻译理论代表人物之一尤金·奈达也曾提出：翻译可分为两种，分别是形式对等翻译和动态功能对等。其中的"翻译形式对等"要求译者以源语为中心，尽量再现原文形式和内容。实际上指的也是译文的"忠实"原则。

可见，"忠实"作为翻译中一条重要的原则，被国内外翻译理论家普遍接受。反观之，如果译文不能忠实于原文，那么其翻译的意义就无从谈起了。林语堂对《桃花源记》的翻译就是体现"忠实"的一个好例子。在对古文的翻译中，林语堂有着先天的优势。作为一个语言大家，他对古文的理解深刻而透彻。林语堂的中文造诣在无形中为他的翻译作品注入了新的活力。例如："夹岸数百步"中的"步"字并非现代语言中走的步数，在古代代表的是一种量词。因此，林语堂将其翻译为about a hundred yard，而不是根据字面意义翻译为pace，保证了译文的准确性。"便舍船，从口入"中的"舍"也并非"舍弃"的含义。作者通过对原文的理解，将其翻译为tied up his boat十分准确到位。

又如，"黄发垂髫，并怡然自乐"根据其所指含义，将其翻译为the old men and children appeared very happy and contented恰到好处，既把原文的字面含义翻译出来了，同时又将文中人们的状态以"happy and contented"一词很好地复现在读者脑海中。再如，"乃不知有汉，无论魏、晋！"这句话中的历史朝代是中国文化中所特有的，林语堂采取对朝代发生的时间进行加注的方式，翻译为the Han Dynasty（two centuries before to two centuries after Christ），the Wei（third century A.D.）and the Chin（third and fourth centuries），可以有效地帮助不熟悉中国文化的目的语读者大致清楚朝代发生的时间。林语堂所指的"忠实"并非逐字翻译的"死译"。

"忠实"并不是如表面含义一般，忠实于每一个字词的翻译，而是译者对原文进行深刻理解之后再进行翻译，这样就不会造成字字对译的死译，而使文章晦涩难懂，丧失语言表达中的美。林语堂认为译者对原著并没有将每字每词都进行翻译的责任。此外，译者不但需要表达出原文的含义，而且还应该将文章背后所蕴含的意义准确地传递给读者，以达到传神的目的。以上处理方式体现出了译者对原文很好的理解，也体现出译者对源语言文化的了解是非常有助于将其中的含义完整地传递给读者的，林语堂对《桃花源记》的翻译可以说是将"忠实"标准贯彻得淋漓尽致。

2. "通顺"标准

"忠实"所要达到的内在标准便是"通顺"。所谓"通顺"，即"翻译要遵循行文之心理"。也就是说，译者在翻译作品时首先要透彻理解原文的意义，然后按照目的语读者的语言习惯将其翻译出来，但是又不能改变原文作者的行文心理。使翻译的文本不仅可以较为完整地表达出原作的含义，又使读者能够顺利地接收到原来的意境。

　　林语堂认为，翻译的另一项责任是保持译文的通顺。一方面，在翻译中，译者应该考虑目的语读者的心理，以满足目的语读者的需要；另一方面，译者应该考虑目的语读者的逻辑和阅读习惯。如果单词、语法或句子结构能够达到上述标准，翻译出来的译文就可以称为"通顺"。林语堂最为得意的译作之一当属《浮生六记》。全文透露着深情直率，叙述了夫妻之间的闺房之乐，也写出了夫妻间真诚以待的感情。对书中的"陈芸"这一女子，他认为是"中国文学及中国历史上最可爱的人"。林语堂对该作品的翻译，将中国传统文化以西方人的语言角度介绍到西方国家，在世界上享有很高的声誉。

　　因此，由该部作品出发来浅析一下林语堂所提出的"通顺"标准。《浮生六记》当中有这么一句话：异哉！李太白是知己，白乐天是启蒙师。"太白"是李白的字，而"乐天"是白居易的字。在处理此句的翻译时，林语堂并没有采取原文直译的方式，而是将其换成大众所熟知的名字"李白"和"白居易"。这样的处理手法不仅表现出译者对原文的理解再翻译，同时也减少了目的语读者在阅读时可能会产生的疑惑。另外，在翻译名字时，并没有直接采取拼音的方式，而是考虑到英语的发音特点，将其音译为Li Po和Po Chuyi，使阅读更加地"流畅通顺"。

　　此小说中还出现很多带有中国传统特色的词语，如果对中国传统文化没有一定的了解，在阅读译文时一定会产生很多的误解甚至是不解。林语堂在处理这方面的问题时，巧妙地采用了增译的方式，对原文中出现的带有中国传统文化特色的词语加以解释，使读者能够顺利地阅读全文，并理解原文的含义。比如《浮生六记》中有这么一句话：是年七夕，芸设香烛瓜果，同拜天孙于我取轩中。此例中的"七夕""天孙""取轩"，如果按照直译的方式直接采取拼音翻译出来也无伤大雅，但是林语堂为了使目的语读者能够了解和熟悉中国传统文化，减少阅读中的歧义，将其采用增译法，对这些词语加以解释。将"七夕"翻译为On the seventh night of the seventh month of that year；将"天孙"翻译为the Grandson of Heaven；将"取轩"翻译为the Hall called "After My Heart"。该翻译方式避免了读者阅读到该处时，由于文化背景的不同而造成的阅读障碍，达到了"通顺"的标准。

3. "美"标准

林语堂是第一个将美学融入翻译的人。根据林语堂的翻译理论，美是最高的、最重要的标准，这是林语堂对翻译美学理论的最大贡献。在林语堂看来，翻译是一种艺术。对待翻译的态度应与对待艺术的态度一致。在文学翻译中，词语之间的美是需要注意的。但是美并没有一个统一的定义，因为美是建立在人们理解的基础上的，不同的人对美有不同的看法。"美"是林语堂所提出的最难达到的一条标准。

林语堂认为，翻译除了它本身所具有的作用之外，还应该兼顾"美"。理想的翻译家应当将翻译作为一种艺术，以艺术之心来对待翻译，使翻译成为美术的一种。较为有名的理论便是林语堂所提出的"五美论"，包括了：音美，意美，形美，神美和气美。"意美、音美和形美"之间是相互依存的，"气美"和"神美"其实也是彼此紧密相连的，异中有同，同中有异，犹如宇宙间阴阳两种力量，互依互存，其实也是对翻译生态学的一种诠释。

林语堂对宋代女词人李清照的作品——《声声慢》的翻译体现了其对"美"的理解。首句七个叠词，林语堂采用"头韵"的方式，以"so+d"的结构"So dim、so dark、So dense、so dull、So damp、so dank、So dead!"将作者那种愁苦思绪表达出来。在品读时因"头韵"的缘故，可以很容易就体会到作者所要表现的"音美"。在译作中，林语堂没有将原作品进行过多的拆分，大致按照其词句进行翻译，使得译文的排列工整，错落有致，令读者赏心悦目，这就体现了其"形美"。在"意美"方面，更多地体现在词中对景色的描写，比如：

梧桐更兼细雨，到黄昏、点点滴滴。

And the drizzle on the kola nut/Keeps on droning:/Pit-a-pat，pit-a-pat!

林语堂在对本句进行翻译时，使用较为直白简练的方式，以象声词"Pit-apat，pit-a-pat!"来翻译"点点滴滴"所要表现的意境，瞬间就在读者脑中呈现出那雨景的凄凉。

第二节　西方译论研究

一、纽马克的交际翻译理论

交际翻译法更具有相对意义，并且具有归化、意译和地道翻译的优势。交际翻译以目的语读者和接受者为目标，在处理原文的时候，译者不仅是复制原文本的语言文字，而是有较大地自由度地去解释原文、调整文体，使目的语读者理解原文本的意思，真正做到保留原文本的功能并且努力使译文对目的语读者所产生的效果与原文对源语读者所产生的效果相同。

源文本的题材属于家书类型，是讲述父子亲情关系的说教体文本。书中父亲写给儿子的家信，风格类似中国的《傅雷家书》。文章语言真挚无华，但由于原文本的年代比较久远，在翻译的过程中，译者不仅要做到忠实于原文，也要使译文符合目标语表达的习惯。作为译者，首先要忠实原文作者，其次要忠实于原文语言，最后还要忠实于译文读者。

二、卡特福德的翻译转换理论

卡特福德在其专著《翻译的语言学理论》中提出的"翻译转换"这一概念，"翻译转换"是指在将源语翻译成译语时脱离形式上的对应。

（一）层次转换

源语使用的一种语言层次在翻译为译语时，其等值成分使用的是不同的语言层次就可以称为层次转换。语言层次主要有四个：语法、音位、词汇、字形。在翻译过程中，语法到词汇和词汇到语法之间的转换是唯一可能发生的层次转换。

（二）范畴转换

范畴转换主要是在翻译过程中存在的等级变更，但这不是唯一的变更，除此之外还有结构、类别、词语等的变更，是对原文形式对应的脱离。范畴转换主要可以分为结构转换、类别转换、单位转换和内部体系转换四种转换类型。

（三）结构转换

结构转换是在翻译过程中最常见的范畴转换。结构转换的表现主要是：一个句子中所含有句子成分的变化，如增加或者减少主语、状语等句子成分；一个句子中句子语序的变化，如定语由原句中的前置变成译文中的后置等情况。

（四）类别转换

类别转换是指在源语与译语中，两个等值成分在进行翻译的过程中，发生了类别的转换。在大多数情况下，类别翻译具体表现为译语和源语中词语的词形变化，比如说源语中的一个介宾短语在译语中转换成了一个动宾短语等。

（五）单位转换

单位转换往往也可以称为级阶转换。级阶可以分为：词素、词、群、子句和句子。译语和源语在使用同一级阶的内容无法实现两者等值的情况下，译语可以选择更高一级或者几级的级阶来实现原本不能实现的等值。单位转换使得源语和译语不需要实现两者级阶的严格对应，源语和译语的词与词、子句与子句或者句子与句子之间不用严格地对应。

（六）内部体系转换

内部体系转换是指源语和译语存在形式相对应的结构，而在翻译为译语时，要在译语中选择一个不同的术语来与之对应，这就是内部体系转换。

三、弗米尔的目的论翻译

在人类语言交际的过程当中，存在许多主观上影响选择和判断的因素，在翻译时也不例外。译者在对原文转移时使用的词句，很多情况下都会受到来自文本以外的诸如意识形态、文本用途、个人喜好、各方利益等因素的影响。因而在20世纪70年代，德国翻译理论家弗米尔（Vermeer）认识到语言学本身在解决这类问题上没有帮助，因为翻译不仅仅是语言转换的过程，而目前的语言学也没能提供有效的解决办法。

对等的情形在现实语境中难以实现，交际中信息的走失是不可避免的。对此，他在其老师莱斯（Reiss）的基础上提出了翻译的目的论，认为任何行为都是由其目的所决定，而翻译的行为是由翻译的目的决定的。

四、苏珊·巴斯奈特的文化翻译理论

苏珊·巴斯奈特是文化翻译学派的代表人物之一。1990年，她与安德烈·勒菲弗尔合编了《翻译、历史与文化》，探讨了文化翻译理论的具体内容。她建议翻译研究应该将翻译单位从传统的语篇转向文化。这一观点使得翻译研究不再局限于语言层面，而是在确保语义信息传递的同时，更加关注文化信息的传递。

巴斯奈特认为，翻译的目的是通过打破语言障碍来传递信息。这里的"信息"既包含语义信息，也包含文化信息。翻译实际上是一种跨文化活动。

在此过程中，译者在目的语中再现源语的文化内涵，最终目的是实现和促进文化交流。源语中的文化信息是翻译的重点，语言只是文化交流的载体，是译者在源语和目的语之间进行文化交流形式。文化翻译观重视促进翻译中的文化交流与融合，有效地提高了译文的文化承载力，促进了文化多样性的发展。

第三章　翻译学的文化视域研究

　　众所周知，语言与文化的关系是十分密切的，人们在研究不同语言的过程中，需要利用翻译这一重要的媒介工具。在长期的翻译实践过程中，人们积累了丰富的经验，并形成了一定的翻译理论体系。对翻译理论知识的把握，有助于译者夯实自己的理论知识，进而在翻译实践中更加得心应手。本章重点从文化视域层面探讨翻译学的相关内容。

第一节 文化与翻译

一、文化翻译的语言因素

语言与文化密切相关,文化对语言有着重要的影响。文化不同,其影响下的语言也不尽相同。

中国传统哲学观是"天人合一",中国"天人合一"的思想必然导致集体主义取向、他人利益取向和以天下为己任的大公无私精神。儒家思想(Confucianism)是集体主义文化的思想根基,汉语文化中更重视一个人是某个集体中的人(a group member)这个概念,所有"个人"被看作整个社会网中的一部分,不强调平等的规则,而是强调对群体的忠诚。集体主义者对他直接隶属的组织承担责任,如果不能完成这些责任和任务,他们就会感到丢脸。集体主义者对自己群体内的人很关心,甚至达到舍己救人牺牲自我的地步,对群体外的人可能会很强硬。集体主义文化把"自我肯定"(self assertiveness)的行为看作窘迫的,认为突出自我会破坏集体的和谐(harmony)。集体主义文化中强调互相帮助和对集体负责。任何个人的事都要在集体的协助下完成,一个人的事也是大家的事,朋友之间对个人事务要参与和关心。与集体主义(collectivism)和利他主义(altruism)相伴随的是无私的奉献精神(spirit of utter devotion),当国家、社会和他人的利益与个人利益相冲突时,传统道德价值观往往教育我们要舍弃个人利益,以国家、集体和他人利益为重,把国家、社会和他人的利益放在个人利益之上,这种无私奉献、公而忘私的精神一直受到社会推崇,受到民众敬仰。

西方哲学观自古倾向于把人与大自然对立起来,即天人相分,强调人与大自然抗争的力量。所以,西方重个人主义、个性发展与自我表现。西方个体主义思想的哲学根基是自由主义(liberalism),它的基本主张是每个人都能做出合理的选择(make well-reasoned choices),有权依照平等和不干涉的原则(equality and non-interference)去过自己的生活,只要不触犯别人的权利，不触犯法律和规章制度，他们有权利追求个人的兴趣和爱好，一个好的公民是守法（law-abiding）和讲究平等的人（egalitarian）。在个人主义高度发达的社会中，它的成员逐渐学会并擅长表达自己的独特性（uniqueness）和自信心（self-confidence and assertiveness），表达个人的思想和情感，对不同意见公开讨论，这些都是人们看重的交流方式。他们不害怕别人的关注（attention），因为这种关注才能证明他们的独特性。

    英汉语言有各自的特点。英语句子有严谨的句子结构。无论句子结构多么复杂，最终都能归结为五种基本句型中的一种（主语＋谓语/主语＋系词＋表语/主语＋谓语＋宾语/主语＋谓语＋间宾＋直宾/主语＋谓语＋宾语＋宾补）。英语句子结构形式规范；不管句型如何变化，是倒装句、反义疑问句还是there be句型，学习者都可以从中找到规律。英语句子还采用不定式、现在分词、过去分词，引导词以及连词等手段使句子简繁交替，长短交错，句子形式不至于流散。而汉语句子没有严谨的句子结构，主语、谓语、宾语等句子成分都是可有可无，形容词、介词短语、数量词等都可以成为句子的主语。一个字"走"，也可以成为一个句子，因其主语为谈话双方所共知，所以不用明示其主语。汉语句子，不受句子形式的约束，可以直接把几个动词、几个句子连接在一起，不需要任何连接词，只要达到交际的语用目的即可，句子形式呈流散型。英汉两种语言的区别概括如下：

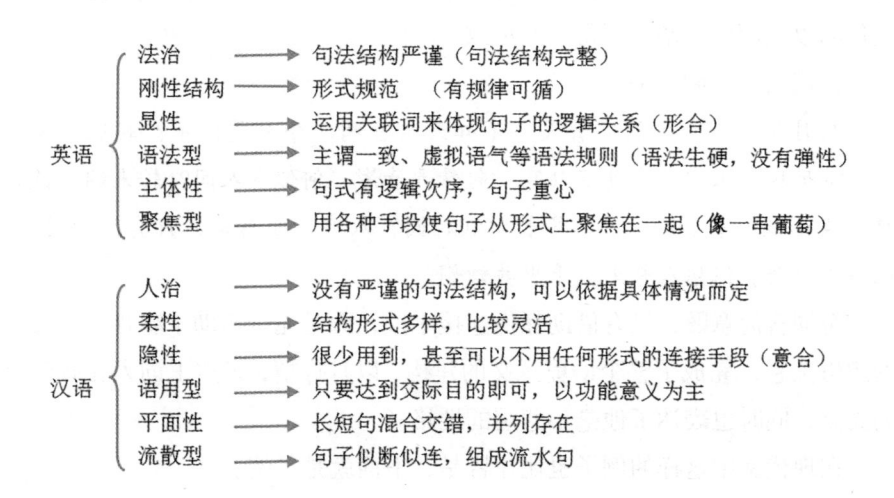

英语
- 法治 → 句法结构严谨（句法结构完整）
- 刚性结构 → 形式规范（有规律可循）
- 显性 → 运用关联词来体现句子的逻辑关系（形合）
- 语法型 → 主谓一致、虚拟语气等语法规则（语法生硬，没有弹性）
- 主体性 → 句式有逻辑次序，句子重心
- 聚焦型 → 用各种手段使句子从形式上聚焦在一起（像一串葡萄）

汉语
- 人治 → 没有严谨的句法结构，可以依据具体情况而定
- 柔性 → 结构形式多样，比较灵活
- 隐性 → 很少用到，甚至可以不用任何形式的连接手段（意合）
- 语用型 → 只要达到交际目的即可，以功能意义为主
- 平面性 → 长短句混合交错，并列存在
- 流散型 → 句子似断似连，组成流水句

综上所述，英语是以形寓意，汉语则是以神统法。下面就从形合意合、思维模式和句子重心位置等几个方面进行具体阐释。

（一）意合与形合

意合（parataxis）即词与词、句与句的从属关系的连接不用借助于连词或其他语言形式手段来实现，而是借助于词语或句子所含意义的逻辑关系来实现，句子似断似连，组成流水句，语篇连贯呈隐性。中国的唐诗、宋词在建构语篇情境时，采用的就是意合。"形合"（hypotaxis）常常借助各种连接手段（连词、介词、非限定性动词、动词短语等）来表达句与句之间的逻辑关系，句子结构严谨，连接关系清楚。句与句、段落与段落之间彼此关联、相得益彰，像摆在我们面前的一串串葡萄。

1. 意合语言

汉语中很少用到甚至不用任何形式的连接手段，而比较重视逻辑顺序，通常借助词语或句子所含意义的逻辑关系来实现句子的连接，因此汉语是一种意合语言，句与句之间的连接又称"隐性"（implicitness/covertness）连接，汉语句子可以是意连形不连，即句子之间的逻辑关系是隐含的，不一定用连接词，这无论是在中国的唐诗、宋词、元曲等古文作品中，还是在现代文作品以及翻译中都体现得淋漓尽致。

苏轼的《水调歌头》：

明月几时有？把酒问青天。不知天上宫阙、今夕是何年？我欲乘风归去，唯恐琼楼玉宇，高处不胜寒。起舞弄清影，何似在人间？转朱阁，低绮户，照无眠。不应有恨、何事长向别时圆？人有悲欢离合，月有阴晴圆缺，此事古难全。但愿人长久，千里共婵娟。

全词言简意赅，没有借助任何连接手段，而是完全借助于隐含的意义上的逻辑关系，完成了整个语篇意义的建构，以月抒情，表达了词人在政治上的失意，同时也表达了他毫不悲观的性格。

在现代文中这样的例子也比比皆是，下面就是一例。

到冬天，草黄了，花也完了，天上却散下花来，于是满山就铺上了一层耀眼的雪花。

可以看出汉语句子的分句与分句之间，或者短语与短语之间，在意思上有联系，只用很少的关联词连接每个分句或短语。英语中也有意合结构，但这种情况很少，句与句之间可以使用分号连接。

2. 形合语言

英语有严谨的句子结构，句型有规律可循（倒装句、反义疑问句、祈使句、疑问句以及there be句型等），语法严格而没有弹性（主谓一致、虚拟语气、情态动词用法、冠词、介词、代词、名词的格和数、时态及语态等），常常借助各种连接手段（连词、副词、关联词、引导词、介词短语、非谓语动词、动词短语等）来表达句与句之间的逻辑关系，因此英语是一种重"形合"语言，其语篇建构采用的是"显性"（explicitness/overtness）原则。例如：

So far shipment is moving as planned and containers are currently en route to Malaysia where they will be transshipped to ocean vessel bound for Denmark.

到目前为止，货运按计划进行中。集装箱货物正在驶往马来西亚的途中，在那里将被转为海运，开往丹麦。

英语中有时需要用and把词与词、句与句连接起来，构成并列关系。如果删掉and，就违背了英语严谨的句法规则，此句也就变成了病句。在汉语翻译中，and不必翻译出来，句子的意义表达也很清晰。

在复合句的表达上，英汉两种语言存在着形合与意合的不同，即在句与句之间的连接成分是否保留上两者有本质区别。英语以形合见长，汉语以意合见长。通过对英汉句子的对比，我们可以看出英译汉的过程中一些连接词的省译可以使译文更具汉语意合的特点，反之亦然。也就是说在进行两种语言的翻译时，要考虑到这两种语言的特点，做必要的衔接连贯手段的增添或删减。

（二）句子重心

中国人和西方人截然不同的逻辑思维方式，导致了两种语言句子结构重心（focus of sentence）的差异。英语重视主语，主语决定了词语及句型的选择。主语可以是人也可以是物。西方人还经常使用被动语态来突出主语的重要性。汉语重话题，开篇提出话题，再循序渐进，往往按照事情的发展顺序，由事实到结论或由因到果进行论述，所以在汉语中多使用主动语态。英语重结构，句子比较长，有主句有从句，主句在前从句在后，甚至于从句中还可以再包含一套主从复合句，句子变得错综复杂。每个句子就像一串葡萄，一个主干支撑着所有的葡萄粒。主句就是主干，通常放在句子的最前面。汉语重语义，句子越精练越好，只要达到表意功能即可。

综上所述，英语句子的重心应该在前，而汉语句子的重心应该在后。这点在翻译中所起的作用是不言而喻的。在翻译过程中，为了突出对方的重要地位，经常使用被动句，把对方放在主语的位置上。为了让对方迅速了解信函的目的，开篇就要点明写作意图，然后再作解释说明。与此同时，必须弄清楚整个句子的句法结构，找到句子的主干并分清句子中各成分之间的语法关系，即找出句子的主干，弄清句子的主句，再找从句和其他修饰限定，把重要信息放在主句中。例如：

我们打交道以来，您总是按期结算货款的。可是您L89452号发票的货款至今未结。我们想您是否遇到什么困难了。

Please let me know if you meet any difficulty. Your L89452 invoice is not paid for the purchase price. Since we have been working with you, you are always on time.

汉语句子开篇提出话题，然后再说明所发生的事情，最后说明信函的目的，句子重心在后。英语句子则不同，开篇就说明了信函的目的，而且以对方为主，表示对对方的尊重，句子重心在前。

我公司在出口贸易中接受信用证付款，这是历来的习惯做法，贵公司大概早已知道。现贵公司既提出分期付款的要求，经考虑改为50%货款用信用证支付；余下的50%部分用承兑交单60天远期汇票付清。

Your request for payment in installments, with 50% of the payment by credit card, and the remaining by D/A 60 days' sight draft, has been granted despite the fact that it's an established practice for our company to accept L/C in our export trade as you probably already know.

汉语由几个短句构成，先谈规则，再谈按照对方要求所做的改动（即最终结果）。英语句子仅仅用了一句话，借助于介词短语、状语从句、方式状语从句等把所有的信息都涵盖了。句子错综复杂，理清句子结构显得尤为重要。句子中最重要的信息被放在了句首，也是句子的主干。为了达到这一目的，句子用物作主语，并使用了被动语态，突出了主句。主句Your request for payment in installments has been granted才是句子的重心。

The J. Paul Getty Museum seeks to inspire curiosity about, and enjoyment and understanding of, the visual arts by collecting, exhibiting and interpreting works of art of outstanding quality and historical importance. To fulfill this mission, the Museum continues to build its collections through purchase and gifts, and develops programs of exhibitions, publications, scholarly research, public education, and the performing arts that engage our diverse local and international audiences.

J.保罗·盖蒂博物馆通过购买或接受赠品来扩大其收藏，开办展览项目，出版作品等方式进行学术研究，开展公共教育，通过表演活动吸引当地观众和国际观众。J.保罗·盖蒂博物馆这样做的目的是通过收集、展览以及诠释高质量的、杰出的、有历史意义的艺术品，来激发人们对视觉艺术的好奇心，促进人们对艺术品的理解和欣赏。

相比较而言，英语总是能"直戳要害"，开门见山地点出句子的重点和主题。我们平时阅读双语文章，有时候遇到汉语读不太懂的句段，看对应的英语翻译反而会觉得豁然开朗，大致原因也是要归功于英语的直观性了。

二、文化翻译的思维因素

（一）螺旋形思维模式

中国人的思维模式是螺旋式的流散型思维模式。整个思维过程按事物发展的顺序，时间顺序，或因果关系排列，绕圈向前发展，把做出的判断或推理的结果，以总结的方式安排在结尾。也就是先说事实、理由，再得出结论。行文如行云流水，洋洋洒洒，形散而神聚。例如：

昨晚，我厂发生了火灾，虽然最终扑灭，但是部分货物还是受损严重，其中有本打算周末发往您处的沙滩帐篷。我厂将尽快赶制一批帐篷，望您方将收货日期延长至下月底。

汉语思维：A fire broke out in our warehouse last night. Though it was put out soon, part of the stock was seriously damaged, including the tents which had been intended to send to you this weekend. We will try hard to produce a new consignment, and we hope that you can extend delivery to the end of next month.

英语思维：We will be grateful if you could extend delivery of the tents to the end of next month. A fire broke out in our warehouse last night, and destroyed part of the stock which we had intended to ship this weekend. We are trying hard to produce a new consignment to replace the damaged ones.

我们试着从买方看到汉语思维译本可能做出的反应的角度来分析一下，括号内为买方的可能反应。A fire broke out in our warehouse last night.（Oh, sorry to hear about that.仓库着火，深感同情。）Though it was put out soon, part of the stock was seriously damaged,（still, sorry to hear about that.库存损失严重，还是深感同情。）including the tents which had been intended to send to you this weekend.（What! 什么？我们买的帐篷也烧了？惊愕！）We will try hard to produce a new consignment,（oh, yeah? 你们在赶做我们的货啊？）and we hope that you can extend delivery to the end of next month.（Why don't you say it at first? 要推迟交货日期到下月末，哎呀怎么不早说呀！）。相比而言，英文思维译本显然就比汉语思维译本好多了。开篇就先把与买方息息相关的内容做了阐述，态度也会显得比较诚恳（We will be grateful if），不像汉语思维译文，会有推诿之嫌，引起对方的不快。在翻译中，不能按照汉语的思维方式来翻译。否则，会导致交际失败，甚至影响贸易的顺利进行。

（二）直线型思维模式

在思维方式上，西方人理性思维发达，具有严密的逻辑性和科学性，是直线型思维模式。他们往往以直线推进的方式，进行严密的逻辑分析。在语言表达上表现为先论述中心思想，表明观点，而后再对背景、事件起因、经过、结果等分点阐述说明。在建构语篇时，他们也习惯于开篇就直接点题，先说主要信息再补充说明辅助信息。在翻译过程中，应该按照西方人的思维模式：先点题，再阐述具体信息；结果放前，原因放后；先中心思想，后具体细节信息；先主要信息，后次要信息或辅助信息。例如：

You will receive an itemized statement on the thirtieth of each month, as the enclosed credit agreement specifies.

按照附件中的信用卡使用协议，每月30日收到详细账单。

英语思维方式是先主要信息（receive an itemized statement），后辅助信息（as the enclosed credit agreement specifies）；汉语思维方式是把主要信息放在后面（即每月30日收到详细账单）。

We will open the L/C as soon as we are informed of the number of your Export License.

我们收到你方的出口许可证号，就开信用证。

英语思维方式是先目的（open the L/C），再提条件（we are informed of the number of your Export License）。汉语思维方式是先提条件（收到你方的出口许可证号），再说明要达到的目的（开信用证）。

第二节　文化翻译学理论阐释

一、文化缺位翻译理论

因为文化缺位的存在，很容易出现翻译失误。当原文本在单词上有错误，而翻译的目的是完全保留原文本并按字面意义进行翻译时，则翻译人员应翻译错误而不进行更正，否则会导致翻译失误。但是，当原文本是需要准确翻译的科学或技术论文时，翻译人员应纠正在这种情况下发现的错误。"如果将翻译失误定义为未能执行翻译摘要中所隐含的说明，并且无法充分解决翻译问题，则翻译失误可分为四类：实用性翻译失误、文化性翻译失误、语言翻译失误和特定文本的翻译失误"。其中，诺德说："文化性翻译失误是由于在复制或改写特定文化习俗方面没有做出适当的翻译决定而造成的。"

下面针对文化性翻译失误来具体分析。

（一）语言维度

1.拼写错误

（1）英文单词拼写错误

单词拼写错误主要因译员工作不细致或是印刷制作人员产生的纰漏，往往最能体现景区翻译水平。例如，"象山"翻译为Elephant hill，"节约用纸"翻译为Use less paper。

（2）不符合英文构词法规范

一些英译文本显然不符合英语的构词法规范。如"灰冠鹤"译为Grey Crown-Crane。陆国强的《现代英语词汇学》的复合词构词法相关章节中有载，连接形容词和带-ed词缀变成形容词的名词，构成形容词性前置复合修饰语。例如，a well-educated woman一位教养很好的女士。

2.语法错误

语法错误作为旅游英语翻译易犯的第二大错误，主要源自译者语法不过关或直接使用机器翻译结果而不加修改。例如，"离岛请往此方向"译为Please toward this direction to leave the island，此处toward的用法有待商榷，可以改译为Please leave the island this way。

（二）文化维度

翻译人员并非单纯的文字转换工具。特别是在翻译信息型旅游英语时，译者要尤其注意文字背后的文化转换，要使译文读者在阅读译文时大体获得与原文读者相同的感受。

1. 语气的转变

有别于口语，书面语语气更多强调字里行间的感情色彩，能表达作者的态度，也能影响读者的理解。比如，"爱护绿草请勿践踏"译为"Keep off the grass"，译文是英语国家对"请勿践踏草坪"的普遍译法，但中文除去传达"请勿践踏草坪"的指令之外，还蕴含了对人们保护环境的告诫，这一点在英文译文中毫无体现。不如改译为"Color our city green with well-attended grass"，译文中蕴含的温情与原文基本达成一致。

2. 刻板译文

一些译文只做到了单纯的字句对应。例如，"保护环境从我做起"译为"PROTECTING THE ENVIRONMENT STARTS FROM ME."就属于死板直译。建议跳出原文的句式囹圄，改译为"Everyone Should Protect the Environment."言简意赅地表达了原文的呼吁目的。

3. 专有名词、俗语的翻译失误

（1）专有名称翻译失误

靖江王府共有11代14位靖江王在此居住过，历时280年之久，系明代藩王中历史最长及目前全中国保存最完整的明代藩王府。

There were 14 Jingjiang Prince of 11 generations lived here for over 280 years. It is the best preserved imperial palace of Ming dynasty in China.

在这句话中，译员将"藩王府"翻译成imperial palace。但事实是，即使有人不是皇帝的亲戚，当他在战场上做出了巨大贡献并赢得战争胜利时，他也将被授予"藩王"的头衔和居住的王府。"藩王"并不总是翻译成prince。译者可以将其翻译为seignior，这是指封建领主的意思，他们通过封建分配获得其土地。

（2）俗语翻译失误

被誉为"漓江明珠""漓江零距离景区"和"桂林山水甲天下，山水兼奇唯冠岩"。

Being zero distant to Lijiang River, it is famed as the Pearl on Lijiang River and there is even a poem attributed to it, which goes "While Guilin scenery tops the world, the Crown Cave area tops Guilin with its unparalleled beauty in both its hills and waters".

在此翻译中，译员翻译了原文本中存在的俗语，目的是赞美皇冠洞风景区的美丽。但是，这种翻译是否适当以及如何改进它仍然值得商讨。由于俗语应该使读者朗朗上口和记住，因此需要考虑用对仗和押韵来加以改进。在此翻译中，前半部分的单词数几乎是后半部分的数量的三分之一，不符合押韵的要求。因此，可以翻译如下：east or west, Guilin landscape is best; mountain and river, the Crown Cave Scenic Area is wonderful.

（三）交际维度

翻译应该以读者为中心，重视译文所产生的社会影响，通过传达准确、真实的信息来重现原文要旨，尽力为译文读者创造出与源语读者所获得的尽可能接近的效果。例如，在旅游英语翻译中，有些景区官方与游客存在天然的信息不对等，因此需要通过旅游英语公示语，二者对景区了解的差异便能弥合。

1. 用词不当

例如：

奉献一份爱心，点燃一片希望。

DEDICATE A LOVE TO LIGHT A HOPE.

显然，dedicate虽然有"奉献"的含义，但它与love并不匹配，因此用在此处是不合适的，可以改译为：

Devote Your Love to Light up the Hope.

又如：

关注一个成长的心灵，播种一个灿烂的明天。

Pay close attention to a growing mind and plant a brilliant tomorrow.

译文中的pay close attention to虽然有"关注"的含义，但原文中的"关注"应该理解为"关爱"，而非pay attention to所强调的"集中注意力"；plant也不能对应tomorrow。因此，原文可尝试改译为：

Take good care of a growing mind to create a bright future.

2. 重点不明确

例如：

抗旱护林防火喷淋时段路滑积水，请注意避让。

It is easy to accumulate water in the spraving water of drought resistance and fire prevention, please avoid the time and place.

原文想要传达的含义是"请游客注意避让积水，积水是在抗旱护林防火喷淋中形成的"重点在呼吁游客避让积水上，但译文把表意重心放在了积水是如何形成之上，喧宾夺主的同时也让原本清晰易懂的语言变得晦涩难明。因此可以改译为：

Please avoid the water accumulated by water spraying for drought resistance and fire prevention.

3. 译与不译

在翻译工作开始前，译者应该先思考一个问题：这句话有必要翻译吗？景区英语译文的主要读者应该是能读懂英语的外国游客。因此，从文本内容来看，一些明确针对本国游客的条款实际上并没有翻译的必要。比如：

桂林市市民（含12个县）凭本人居民身份证入园。

Citizens and students of Guilin（including 12 counties）can enter the garden with ID card and Student Card.

原文的主语明确指向桂林市市民，这一条款不必向广大外国游客公告，因此不用翻译。

4. 冗余

有些英语语汇简洁，措辞精确，只要不影响准确体现特定的功能、意义，仅使用实词、关键词、核心词汇，而冠词、代词、助动词等就都可以省略。简洁是公示语的灵魂，冗长公示语的交际功能将会大打折扣。例如：

温馨提示 kindly reminder

其中的kindly就没有承载有效信息，属于冗余。参考西方对"温馨提示"翻译的平行文本，可将译文简化为Reminder。

5. 一名多译

影响交际功能的还有在翻译中普遍存在的一名多译，这可能是翻译完善过程中由于分批翻译、译者更迭等造成的遗留问题。例如，"无障碍通道"被分别翻译为No Disturbance Way, Barrier-free Path和Accessible Way，虽然三个译文都没有明显错误，但同时用以指示"无障碍通道"便会让人心生疑问。因此，可以考虑统一改译为Accessible Pathway。

二、文化空缺处理对策

（一）归化

所谓归化，就是译者从译入语读者的立场出发将源语中的异国情调变译成读者喜闻乐见的本国风味，或是在表达方式上，或是在文化色彩上。这是一种"读者向的"（reader-oriented）或"目标语文化向的"（target language oriented）翻译。其特点就是译文生动流畅，语言地道自然，意义清楚明白，读者好读好懂。

这种策略常用于中国传统翻译，特别是文学翻译。林纾一生翻译了大量的外国文学作品，基本上都采用归化翻译。英国翻译家、汉学家大卫·霍克斯（David Hawkers）在翻译中国文学名著《红楼梦》时，也采用归化翻译。例如，书名《红楼梦》他译成 *The Story of the Stone*，其中有关文化冲突或文化空缺的语词都采取了归化翻译。例如：

这几年，在杭州的钱塘江边，高楼大厦如雨后春笋般地涌现。

During this couple of years, high buildings and large mansions have sprung up like mushrooms along the Qiantang River, in Hangzhou.

原文是"雨后春笋般地涌现"，译文归化为"蘑菇般地涌现"，更贴近英语国家人的生活，更符合英语的表达习惯。

（二）异化

所谓异化，就是译者为传达原作的原汁原味，在翻译中尽量保留原作的表达方式以便让译入语的读者感受到"异国情调"，就是所谓洋气。中国由于其经济实力的日益增强和文化形象的不断提升，汉语中的不少词语开始直接进入英语和被借入英语，成为世界英语中的又一新的变体——中国英语。

中国英语的形成其实经历了一个汉译英逐步异化积累的演变过程。起先是"洋泾浜英语"（pidgin English），它多用于洋场，进行商贸交易，是一种中英夹杂的英语。后来，中国人开始学习和使用英语，由于母语的迁移作用，在英语的表达上照搬一些汉语的词语样式和汉语的句子结构，这便有了"中式英语"。

这两种英语都不被标准英语所接受。现在，翻译的"文化转向"，对译者和读者的翻译观进行了一次洗礼，翻译要在平等互利的原则下进行文化传播和沟通，所以"中国英语"便应运而生。中国英语是洋泾浜英语和中式英语的渐进、积累、演变的结果。它已为标准英语所接受，成为世界英语中的一员。可以预料，中国英语会随着中国这个语言使用大国地位的不断增强，由今天的一种行为英语发展成为一种机制英语。[1]

汉译英的异化主要体现在文化词语的翻译上。《牛津英语词典》中以汉语为来源的英语词汇有1000余条。例如：

长衫 cheong samn

旗袍 qipao

---

[1] 王述文：《综合汉英翻译教程》，国防工业出版社，2010，第119页。

孔夫子 Confucius

易经 IChing

磕头 kowtow

功夫 kungfu

麻将 mahjong

太极拳 tai-chi

衙门 yamen

茅台酒 maotai

算盘 suanpan

馄饨 wonton

炒面 chowmein

炒饭 chao-fan

杂碎，杂烩 chop suey

小康 xiaokang

普通话 putonghua

此类带有鲜明的中国文化特色的词汇一般都采取音译的方法。占汉语进入英语所有词汇比例最大。[①]也有采取意译的方法来译的。例如：

四书 Four Books

五经 Five Classics

龙舟 dragon boat

走狗 running dog

洗脑 brainwashing

百花齐放 hundred flowers

纸老虎 paper tiger

改革开放 opening up and reformation

还有些采取音译和意译相结合的方法。例如：

[①] 王述文：《综合汉英翻译教程》，国防工业出版社，2010，第121页。

北京烤鸭 Peking duck；

"嫦娥"一号 Chang'e No. 1；

中国航天员 taikonaut

taikonaut这个绝妙的China English词语，它的诞生在一定程度上象征着中华民族的伟大复兴！数百年来汉语只有生活、宗教、饮食等词汇进入英语，现在taikonaut以汉语的构词方式译成英语，作为一个科技词语堂堂正正地进入英语词汇，表明中国科技发展的日新月异，中华民族已真正崛起于世界民族之林。学者们认为，"中文借用词"在英语里的骤增从一个侧面反映了中国文化与世界的沟通渠道正日趋宽阔，而文化所代表的软实力正日趋增强。除文化词语的异化翻译外，还有些句法表达在汉译英中也套用了汉语的表达方式，显得更为简洁便利。例如：

好久不见。

Long time no see.

不能行，不能做。

No can do.

加油！

Jiayou!

丢面子/保面子

lose face/save one's face

有些汉语成语或谚语运用了生动比喻修辞手段，在译成英语时也保留汉语中比喻形象，使译文显得原汁原味。例如：

你这是在班门弄斧。

You're showing off your proficiency with an axe before Lu Ban the master carpenter.

"班门弄斧"这一成语采取直译将其译成showing off your proficiency with an axe before Lu Ban the master carpenter，既简明生动又忠实贴切，兼顾了意义的传达和文化交流。

俗话说"一寸光阴一寸金"，我们一定要抓紧时间，刻苦学习。

An old saying goes "An inch of time is an inch of gold". We should grasp every second in our study.

"一寸光阴一寸金"译成"An inch of time is an inch of gold"体现了中国人的时间观。

第三节　文化翻译学理论的应用策略

一、节日文化翻译

（一）中西节日文化性质对比

中西方节日性质对比具体如表3-1所示。

表3-1　中西方节日性质对比

中国	性质	西方	性质
年节	综合	圣诞节	综合
元宵节	单项	狂欢节	单项
人日节	单项	复活节	综合
春龙节	综合	母亲节	单项
清明节	综合	愚人节	单项
端午节	综合	划船节	单项
七夕节	综合	情人节	单项
鬼节	单项	鬼节	单项
中秋节	综合	父亲节	单项
冬至节	单项	仲夏节	单项
腊八节	综合	啤酒节	单项
小年节	综合	婴儿节	单项
除夕节	综合	葱头节	单项

（资料来源：刘立吾、黄姝，2014）

（二）节日文化翻译的策略

在翻译节日名称时，千万不能望文生义，如bank holiday按字面译成"银行假日"就会让很多人百思不得其解，其实它指的就是public holidays。Valentine's Day被译成"情人节"，由于"情人"这个词在中文中的特殊含义，这种译法让很多人羞于庆祝这个节日。不过随着人们对这个节日真实含义的了解，相信会有越来越多的人接受这个节日，因为这是一个表达爱的节日。还有一个容易引起误解的节日是Boxing Day，这可不是什么"拳击日"，而是送Christmas box（圣诞礼盒）的日子。

下面再来看一些常见节日的翻译。

汉语节日及其常见祝福语	英文翻译
（1）民俗节	（1）folk festivals
（2）清明	（2）Pure Brightness/Qingming Festival
（3）中元节（鹊桥节）	（3）Ghost Day; Double-7th Day
（4）中秋节	（4）Mid-Autumn Festival
（5）重阳节	（5）Double Ninth Festival
（6）春节	（6）Spring Festival
（7）月饼	（7）moon cake
（8）藕品	（8）lotus varieties
（9）香芋	（9）taro
（10）柚子	（10）pomelo
（11）腌蛋	（11）one-thousand-year egg
（12）黄鳝干	（12）dried mud/river eel
（13）重阳节	（13）Double-9th Festival
（14）冬至节	（14）Winter Solstice
（15）祭祖	（15）ancestor-worshipping
（16）开庙会	（16）year-in-year-out ceremony
（17）腊八节	（17）Winter Festival
（18）年夜饭	（18）family reunion dinner
（19）贺岁迎新	（19）temple fair

二、饮食文化翻译

（一）中国饮食结构及烹饪

中国的饮食文化丰富多彩、博大精深，烹饪技术更是独领风骚，风靡世界。了解中国饮食的结构与烹饪是做好饮食文化翻译的必备条件。

1. 饮食结构

中国的物产丰富，从而造就了中国人民丰富的饮食内容与结构。通常而言，我国用以烹制菜肴的原料主要分为以下六种类别。

（1）蔬菜类。蔬菜类可分为两种：一种是可食用的野菜，一种是人工栽培的各种可食用的青菜。就目前而言，人工栽培的各种可食用的青菜是人们主要的菜肴原材料。蔬菜的种类广泛，既包括白菜、菠菜、韭菜、芹菜等茎叶蔬菜，也包括土豆、甘薯、萝卜莲藕等块根、块茎的蔬菜，还包括蘑菇、木耳等菇类蔬菜，番茄类和笋类的蔬菜以及葱、蒜等。

（2）瓜果类。瓜果类的种类也很丰富，包括瓜类食品如黄瓜、丝瓜、冬瓜、南瓜、西瓜、甜瓜等；包括能制作干鲜果品的枣、核桃、栗子、莲子、松子、瓜子、椰子、槟榔等；还包括多种果、核、壳类食料，如苹果、葡萄、柑橘、菠萝、香蕉、桃、李、梅、杏、梨、石榴、柿子、荔枝等。

（3）鱼肉类。鱼肉类作为菜食原料是对古食俗的传承。

（4）蛋乳类。这类食料是指由家禽派生出来的蛋类和乳类，如鸡蛋、鸭蛋、牛奶等。

（5）油脂类。

（6）调味类。主要是指各种调料，如姜、辣椒、花椒、桂皮、芥末、胡椒、茴香、盐、糖、醋、酱油、味精、鸡精、料酒等。

在中国人的饮食结构中，素食是主要的日常食品，即以五谷（粟、豆、麻、麦、稻）为主食，以蔬菜为辅，再加少许肉类。

2.常用烹饪技术

中国饮食制作精细，烹饪方法多种多样。如果把上述6种食料用不同的方法烹饪，可以做出成千上万种不同风味的菜肴。以下我们主要介绍一些中国饮食的烹饪技术。

（1）精细的刀工

加工食料的第一道工序是用刀，用刀要讲究方法和技巧，也就是刀工。日常的刀工主要有以下几种。切、削——cutting；切片——slicing（鱼片：fish slice/ sliced fish）；切丝——shredding（肉丝：shredded meat/pork shred）；切丁——dicing（鸡丁：chicken dice/diced chicken）；切柳——filleting（羊柳：mutton fillet/filleted mutton）；切碎——mincing（肉馅：meat mince/minced meat）；剁末——mashing（土豆泥：mashed potatoes/potato mash）；去皮——skinning/peeling；去骨——boning；刮鳞——scaling；去壳——shelling；刻、雕——carving等。

（2）各种烹调方法

中国的菜肴烹调方法有50多种，但常用的主要有以下几种。

炒——frying/stir frying。这是最主要的烹调方法，如"韭菜炒鸡蛋"可译为Fried Eggs with Chopped Garlic Chives。

爆——quick frying。这种方法与煎大致相同，但所放入的油更少，火更大，烹饪时间更短。

炸——deep frying/cooked in boiling oil。这一方法就是在锅内放入更多的油，等到油煮沸后将菜料放入锅中进行煎煮，经过炸煮的食物一般比较香酥松脆，如"炸春卷"可译为Deep Fried Spring Roll。炸通常可分为以下三种：酥炸（crisp deep-frying）、干炸（dry deep-frying）、软炸（soft deep-frying）。

（二）中国饮食文化翻译

1.以"滑炒鳝丝"为例

烹调手艺译法从遍布世界各地的中餐馆我们不难看出"色香味"俱全的中华美食确实有着所向披靡的魅力，但是这些诱人的菜肴在上桌之前必须在厨房经过很多道水火的考验。以"滑炒鳝丝"（Sauté ed Eel Shreds）为例，用英语解释一下它的烹饪过程。

烹饪程序：

第一步，用八成热的油把鳝丝炸一下。

第二步，锅里留少量油，用葱和姜炒香，加糖、盐、酱油，把鳝丝倒入锅里，加酒，翻炒几下，然后盛在一个盘子里。

Cooking procedure：

Step one：Deep-fry the eel shreds in 80% hot oil.

Step two：Flavor oil with scallion and ginger, add sugar, salt, soy sauce, drop in eel shreds, add wine, stir-fry, place in a plate.

2. 常见烹调技法的翻译

为了了解更多的程序，我们必须知道下列常见烹调技法的英译：

煮 boil（煮水波蛋 poach an egg）

涮 scald in boiling water; instant-boil

炒 stir-fry（炒蛋 scrambled egg）

水煮 boil with pepper

煎 pan-fry

爆 quick-fry

炸 deep-fry

干炸 dry deep-fry

软炸 soft dee-fry

酥炸 crisp deep-fry

扒 fry and simmer

嫩炒 sauté

铁烤 broil; grill

烧烤 roast; barbecue

烘烤 bake; toast

浇油烤 baste

煲 stew（in water）; decoct

炖 stew（out of water）

卤 stew in gravy

煨 simmer; stew

熏 smoke

烧 braise

焖 simmer; braise

红烧 braise with soy sauce

蒸 steam

焯 scald

白灼 scald; blanch

勾芡 thicken with cornstarch

3. 中国茶的翻译

相传神农尝百草，发现茶叶能解百毒而把茶叶奉为天赐神药，可见中国人与茶有着非常深厚的渊源。唐时陆羽著《茶经》，对茶树的形状、茶叶产地、制茶工序等记叙详尽，被后人尊为茶神。后来茶叶随丝绸之路和几次航海经历传到世界各地，形成了各种不同风格的饮茶方式。

中国的茶叶根据发酵程度不同可分为绿茶、黄茶、白茶、青茶、红茶和黑茶六大类。我们可以把绿茶译成green tea，黄茶译成yellow tea，白茶译成white tea，青茶（乌龙茶）译成oolong tea，红茶译成black tea，黑茶译成dark tea（为了有别于black tea）。根据外观可以分为砖茶、茶末和叶茶。砖茶可以译成compressed tea，茶末可以译成broken tea，而叶茶则习惯译成leaf tea。根据饮用方法不同又可以分为功夫茶、盖碗茶等。功夫茶可以音译成Gongfu styled tea或者意译成time-taking tea。盖碗茶也可以音译为Gaiwan tea或者意译为Iidded bowl tea。

三泡台是兰州一种很有特色的盖碗茶，之所以称为"三泡台"就是因为这茶可以冲三次水，头一遍是茶香，第二遍是糖甜，第三遍就是桂圆、大枣等的清香，因此可以译成"thrice brewed tea"。

此外，还有各种果茶和花茶，以及与其他调料混制的茶。如何用英语来表示这些茶呢？比如，果茶我们可以译为fruit flavored tea，芒果茶可以译为mango flavored tea，花茶可以译为scented tea，玫瑰花茶可以译为rose scented tea，奶茶译成milked tea。

英语里面也有各种茶，比如加了草药的herbal tea或者Tisane（法语），把不同产地不同品种的茶混在一起制作的tea blends，以及organic tea和decaffeinated tea。如果把它们译成中文，herbal tea或Tisane可以译成"凉茶"，tea blends可以译成"混制茶"，organic tea译成"有机茶"，decaffeinated tea译成"低咖啡因茶"。

4. 中国菜名的转译

在与外国朋友交谈的时候，我们喜欢在介绍物品通用的名称之余，不失时机地解释那些名字在中文里的含义以及它们体现出来的文化特征。我们经常看到外国朋友脸上惊异的表情，听到他们由衷地赞叹："You Chinese people are real romantic and poetic"。其实，中国人的这种浪漫与诗意体现在生活的各个方面，即使是平常如一日三餐也可管中窥豹。比如，我们喜欢在命名菜肴的时候用数字，可是在翻译菜名的时候我们可不能小看了它们，以为只要把它们译成相应的数字就完了，还是要具体情况具体分析。[①]

菜名里如果包含二、三、四、六这几个数字的往往为实指，可以根据字面意思直译。如"珠玉二宝粥"可以直译成Pearl and Jade Two Treasures Porridge。其实，这个"珠"指薏米，也就是the seed of Job's-tears，而"玉"指山药，即Chinese yam，薏米和山药经过水煮，莹白透亮，形色如珍珠、白玉，故名"珠玉兰宝粥"；也可以直接翻译所用材料，让外国朋友一目了然：The Seed of Job's—tears and Chinese, Yam Porridge。菜谱上以译成前者为宜，可以引发联想，唤起食欲，但是为了避免外国朋友如坠云里雾里，我们可以在括号里注明原料。又如"红油三丝"可译为"Three Shreds in Spicy oil"，然后在括号里注明是哪三丝。"四喜鱼卷"可译为"Four Happiness Fish Rolls"，因为每组鱼卷中四个不同颜色的小卷分别代表古人说的人生四喜，即"久旱逢甘露，他乡遇故知，洞房花烛夜，金榜题名时"，而"六素鸡腿"则可以译成Drumsticks Cooked with Six Vegetables，"三鲜汤"可以译成

---

① 冯庆华：《翻译365》，人民教育出版社，2006，第198页。

Three Delicacies Soup。

然而，碰到下面这种情况又当别论，如"二冬烧扁豆"。"二冬"分别指冬笋和冬菇，我们不能译成Cooked Haricot with Two Winters。这里还是点明"二冬"的含义为佳，建议译为Cooked Haricot with Winter Bamboo Shoots and Dried Mushrooms。又如，"双耳汤"应该译成Soup of Jew's Ear and Tremella，如果直译成Two Ears Soup反而费解。

中华饮食博大精深、源远流长，于不经意间折射出来的文化精粹如散落于山间溪流的碎钻，闪耀着迷人的光华。中国文化恰似一张太极图，其精粹便在于虚实结合，而且往往虚的部分比实的部分更传神，因为它留给观众更多的想象空间。如菜名中的虚指数字，它并不意味着那个数字确切表示的数量，而是一个约数或文化名词的一部分。

中国文化中经常用虚指数字，一般用三、五、八、九、十来表示多或程度高，如"三番五次""八辈子""九牛一毛""十全十美"。因此，"五香"并不一定指五种香味，"八宝"并不一定就是八种原料。翻译的时候可以采取灵活译法，不必拘泥于字面数字。"五香牛肉"可以译成Spiced Beef；"八宝粥"可以译成Mixed Congeel Porridge；"九转大肠"可以译成Trouble taking Intestines；"十全大补汤"可以译成Nutritious Soup with Mixed Herbs。

如果数字为文化名词的一部分，则翻译时以传达文化含义为主。如鲁菜中的"一品锅"，闽菜中的"七星丸"等。据说秦始皇统一六国之后，生活日渐奢靡，对为他准备的食物经常挑三拣四，他的厨子们为此惶惶不可终日。一日他点名要吃鱼，厨子在准备的时候误把鱼肉切下来一块，无计可施，只好把鱼剁碎，和上各种调料，放入锅内。没想到秦始皇尝过之后龙颜大悦，拍案叫好。这道菜烧好之后汤清如镜，汤面上浮着的鱼丸如满天星斗，于是就用天上极具代表性的星座北斗七星来命名，因此这个汤就被称为"七星丸"而衍传至今。因此，翻译时用意译为好，可以译为starry Night Fish-ball Soup。

下面来看我国常见的饮食词汇与翻译的实例。

汉语饮食词汇	英文译文
（1）烤乳猪 （2）红烧鱼翅	（1）roast pig let suckling （2）stewed shark fins

续表

汉语饮食词汇	英文译文
（3）鱼肚汤	（3）fish maw soup
（4）冬瓜炖燕窝	（4）stewed bird's nest with white gourd
（5）生猛海鲜	（5）fresh seafood
（6）海味	（6）seafood of all sorts
（7）市井美食	（7）home dishes/delicacies
（8）甜食点心	（8）dim sum
（9）云吞面	（9）yuntun noodles
（10）及第粥	（10）congee
（11）艇仔粥	（11）snake porridge
（12）炒田螺	（12）assorted snails
（13）炒河粉	（13）fried Shahe rice noodles
（14）煲仔饭	（14）pot rice
（15）生滚粥	（15）congee
（16）米粉	（16）rice noodles
（17）粉皮	（17）bean sheet jelly
（18）粉丝	（18）bean vermicelli，
（19）猪肠粉	（19）zhuchang rice noodles; rice rolls
（20）春卷	（20）Spring rolls
（21）蛋卷	（21）egg rolls
（22）葱饼卷	（22）pancake rolls
（23）花卷	（23）steamed buns
（24）杂包	（24）spring wrappers
（25）糯米鸡	（25）nuomii cake（rice pudding）
（26）粽子	（26）zongzi
（27）龟苓膏	（27）guilinggao jelly
（28）茯苓膏	（28）fulinggao jelly; Poria coccus jelly
（29）凉粉	（29）wild fruit jelly/grass jelly
（30）马蹄糕	（30）water chestnut jelly
（31）老公饼	（31）laogong cake
（32）老婆饼	（32）laopo cake
（33）烧饼	（33）scone
（34）米糕	（34）sponge rice cake
（35）莲蓉糕	（35）lotus bean paste

续表

汉语饮食词汇	英文译文
（36）钵仔糕	（36）pot cake
（37）萨其马	（37）Manchu candied fritter
（38）香芋糕	（38）dasheen cake
（39）马蹄糕	（39）water chestnut jelly
（40）萝卜糕	（40）radish cake
（41）洋芋粑	（41）mashed-potato cake
（42）南瓜饼	（42）pumpkin cake
（43）红薯饼	（43）yam cake
（44）薯蓉鸡卷	（44）yam paste with chicken
（45）煲仔饭	（45）pot rice
（46）双皮奶	（46）shuangpi milk
（47）姜撞奶	（47）jiangzhuang（ginger）milk
（48）虾饺	（48）shrimp jaozi
（49）东莞米粉	（49）Dongguan rice noodles
（50）虎门膏蟹	（50）Humen roe-crabs
（51）万江干豆腐	（51）Wanjiang dried tofu slices
（52）厚街腊肠	（52）Houjie smoked sausages
（53）满汉全席	（53）Full Set of Manchu & Han Dishes
（54）（广式）烧鹅	（54）roast goose（geese）in Cantonese style; Cantonese roast goose
（55）白云猪手	（55）Baiyun pig trotters
（56）蒜香糯米鸡	（56）chicken with smashed garlic & glutinous rice
（57）（清远）鹅也煲	（57）goose a la Duchesse
（58）猪杂煲	（58）chopsuey a la Duchesse
（59）盐鸡	（59）salt-baked chicken
（60）椰子盅	（60）coconut dish
（61）什锦冷盘	（61）assorted cold dish

（三）西方饮食结构及烹饪

西方饮食文化精巧科学、自成体系。西方烹饪过程属于技术型，讲究原料配比的精准性以及烹制过程的规范化。比如人们在制作西餐时对各种原料的配比往往要精确到克，而且很多欧美家庭的厨房都会有量杯、天平等，用以衡量各种原料重量与比例。食物的制作方法的规范化特点体现为原料的配制比例以及烹制的时间控制。比如肯德基炸鸡的制作过程就是严格按照要求进行的，原料的重量该多少就是多少，炸鸡的时间也要按照规定严格的操控，鸡块放入油锅后，15秒左右往左翻一下，24秒左右再往右翻一下，还要通过掐表来确定油炸的温度和炸鸡的时间。

相比较中国人的饮食原料，西方人的饮食原料极其单一，只是几种简单的果蔬、肉食。西方人崇尚简约，注重实用性，因而他们不会在原料搭配上花费太多的精力与时间。西方人只是简单地将这些原料配制成菜肴，比如各种果蔬混合而成的蔬菜沙拉或水果沙拉；肉类原料一般都是大块烹制，比如人们在感恩节烹制的火鸡；豆类食物也只经白水煮后直接食用。

西餐的菜品主要有以下几种。

（1）开胃品。

（2）汤。汤是西餐的第二道菜，大致可以分为四类：清汤、蔬菜汤、奶油汤和冷汤。

（3）副菜。副菜一般是鱼类菜肴，是西餐的第三道菜。

（4）主菜。主菜通常是肉、禽类菜肴，是西餐的第四道菜。

（5）蔬菜类菜肴。西餐中的蔬菜类菜肴以生蔬菜沙拉为主，比如用生菜、黄瓜、西红柿等制作的沙拉。

（6）甜点。西方人习惯在主菜之后食用一些小甜点，俗称饭后甜点。实际上，主菜后的食物都可以称为饭后甜点，例如冰激凌、布丁、奶酪、水果、煎饼等。

（四）西方饮食文化翻译——以饮料为例

时值炎夏，烈日如火，冰凉止渴的饮料便成了大家的最爱，从那些充斥着黄金时段的饮料广告就可见一斑。在饮料品种推陈出新的时候，我们也来关注一下饮料名称的翻译。

说到饮料名称翻译大家必然会想起coca-cola译成"可口可乐"而在中国大获全胜的佳话。据说在可口可乐公司准备进驻中国市场的时候，请人翻译公司的主打饮料coca-cola，用过各种版本的译文效果都不甚满意，直到一位蒋姓先生用神来之笔译为"可口可乐"才皆大欢喜。因为"可口可乐"四字不仅用双声叠韵译出了原文押头韵和尾韵的音韵美，而且迎合了消费者的心理，消费者理想的饮料就是既要"可口"又要"可乐"。原文coca-cola只是两种用来制这种饮料的植物的名称，因为碰巧语音接近而比较悦耳，相比之下作为饮料名称译文更音义俱佳，更容易激起食欲。正因为"可口可乐"的成功，所以后来人们把这一类的饮料都叫做"可乐"，于是我们有了"百事可乐"（Pepsi cola）、"非常可乐"（Future cola）等。

类似的成功例子还有Sprite和Seven up的汉译。Sprite也是可口可乐公司旗下的饮料，在英语里的意思是"鬼怪，妖精"，如果直译成中文，对经常想方设法驱魔辟邪的中国人来说不会有多大的吸引力，所以在进入中国市场的时候根据饮料晶莹透亮的特征翻译成"雪碧"，让人一看到这个名称就联想到"飞雪和碧水"，顿时觉得浑身清凉，舒适解渴，当然是很快就畅销中国喽！Seven up在英语里是由seven和up两个词组成的，up有蓬勃向上、兴高采烈之意，要想找一个具有和up相同意思的汉字是不太可能的事，但是"喜"字比较接近，因为我们习惯把一切好事都叫作"喜"，如"双喜临门"，因此译成"七喜"可以说既符合中国人喜庆的心理又忠实于原文。相比之下，Fanta译成"芬达"就逊色得多，只是译音，并没有兼顾语义。

翻译饮料名称不同于其他翻译，要注意音形义结合，最好还要好看、好读、好记，结合商业规律和译文文化背景，使译文起到成功的品牌效应。

三、建筑文化翻译

（一）建筑文化价值取向

1. 中国建筑推崇宫室本位

在中国古代社会，人们对大自然产生的是一种敬畏之情，这种精神尤其体现在畏天方面。为了表示对大自然的敬畏，人们特别喜欢筑坛植树。后来，在这一传统思想的影响下，人们修建了很多寺庙、道观等建筑，体现了中国宫殿建筑的一种精神。中国建筑的主流思想就是宫室本位，为了体现皇权的至高无上性，古代皇帝为百姓灌输奉天承运的顺从思想，天子享受着无上的尊严，对臣子具有生杀予夺的权力，并且对世界上的万事万物都要负责。

2.西方建筑推崇宗室本位

在西方社会中，由于人们的宗教观念十分深入人心，因而在建筑层面主要体现的是宗室为本位的思想。教堂是神圣不可侵犯的，是人们精神的一种代表。西方社会中很多的哥特式教堂体现出灵动、奔放的特点，利用空间推移、直接的线条以及色彩斑斓的光线，为人们营造了一种"非人间"的境界，让人产生一种神秘之感。

（二）建筑文化形态层次

1.中国讲究对称、注重秀丽

中国社会历来追求和谐的生态理念，这种理念在建筑上的体现就是对称之美。人们在建筑中往往使用中轴线的设计思路，从而让建筑体现出一种对称的恢宏之美。在中轴线旁边，人们会建造一些次要的建筑，形成一种对称的局面。从深层次上而言，中国的这种建筑审美风格体现了中国的政治文化、君臣文化，是中国古代中庸、和谐、保守思想的一种体现。在一定的空间范围内，中国建筑会将某一个建筑作为中心，运用一定的对称思路向两边拓展，进而对这些建筑的功能进行定位，最终形成一种完整的建筑体系。

2.西方讲究追求形式、注重几何

在西方国家，建筑的精神主要体现在灵活多样，追求形式美方面。西方人注重建筑的外在美，建筑师喜欢使用几何图形，突出建筑的壮观与大气。虽然历史上不同阶段的建筑特色不同，但每个阶段都有每个阶段的特点。人们可以明确区分哥特式建筑、巴洛克式建筑。由此可知，西方建筑文化的特点是理性的，并且在一定程度上体现了数理文化的内容。

（三）建筑文化的翻译策略

1. 西方建筑文化翻译

由于西方建筑文化中的很多常用语在汉语中都有对应的表述，因此在对这些内容进行翻译时可采取直译法。例如：

anchorage block 锚锭块

bearing 承载力

cure 养护

masonry 砌体

pier 桥墩

reinforced concrete 钢筋混凝土

glass 玻璃

common brick 普通砖

cellar 地下室

corner 墙角

door 门

floor 楼层

pillar 柱/柱脚

tile 瓦

window 窗户

garden 花园

abutment 桥台

architecture 建筑

condole 吊顶

ear 吊钩

mortar 砂浆

refuge 安全岛

sandwich board 复合夹心板

clinkery brick 缸砖

facing brick 铺面转

chimney 烟囱
curtain 窗帘
fireside 壁炉
log 圆木
grass 草地
wall 墙
woof 屋顶
stair 楼梯

2. 中国建筑文化翻译
（1）砖是砖，瓦是瓦

许多人学英语，总认为英语单词同是和汉语字词相对应的，而且是一一对应关系，比如，"天"就是sky，"地"就是earth，然而，并不是两种语言对事物的指称都像"天""地"这样完全吻合的。

同汉语"砖""瓦"有别一样，英语也相应地各有bricks和tiles两个词分别指砖、瓦。然而，事情并没有这么简单。也有英语中称作tiles而汉语却不称"瓦"而照样称"砖"的。比如，《汉英词典》告诉我们："瓷砖"是ceramic tile或glazed tile，"琉璃瓦"是glazed tile。"瓷砖"的英语确属tiles而不属bricks；"琉璃瓦"属于tiles而非bricks之类，也是语言事实；至于glazed tile也的确兼指"瓷砖"或"琉璃瓦"。

由此可见，英语的brick并不是对应汉语中的"砖"，brick一般指的是黏土块烘烧而成的"砖"，如a house made of red bricks（红砖砌成的房子）；其他的"砖"，如"瓷砖""地砖""贴砖"等都属于tile，如tile floor（砖地）等。至于汉语的"瓦"基本上都是tile，如acoustical tile（隔音瓦）、asbestic tile（石棉瓦）。tile既是"瓦"，又是某些"砖"。

（2）拙政园的翻译

苏州园林是中国建筑史流光溢彩的一章，拥有不少闻名遐迩的古迹名胜。

其他名胜的英语译名多半没有什么纷争，唯有拙政园在当年美国的《生活》等杂志上还引起过一场不小的笔墨官司。拙政园乃明嘉靖御史王献臣所建，是我国古代造园艺术的杰作。20世纪80年代初期，拙政园的"明园"复制品曾送往美国纽约展览，在不少美国杂志上还刊登了"明园"的照片。围绕拙政园的英语译名，一位摄影记者对西方的译法提出了异议。

A correct translation of the photo's subject is "Ming-gate View of the Humble Politician's Garden" — very different from the Western sense from your caption's "unsuccessful politician".

问题原来出在"拙"上了。外国人当然不懂，"拙"是谦词，"拙政"并没有真正的"政绩失败"的意思，所以unsuccessful显然是不正确的。在比较旧式的英文信件中，职工有对老板自称为your humble servant的，大概与汉语的"卑职"相当，用humble来对译"拙"还是说得过去的。

谦词在翻译中如何处理，没有定例。比如，汉语的"贱荆"和日语的"愚妻"非得翻译成my humble wife或者my foolish wife吗？这种译法可能会使英美人士莫名其妙吧，特别是他们发现此妻既尊且惠，毫无"下贱""愚蠢"之嫌。

（3）故宫建筑群翻译举隅

故宫林林总总的建筑物在英语当中如何表示呢？下面是中国传统建筑的英语表达法：

陵墓 mausoleum

亭/阁 pavilion

石窟 grotto

祭坛 altar

宫/殿 hall; palace

水榭 waterside pavilion

台 terrace

楼 tower; mansion

塔 pagoda; tower

廊 corridor

堂 hall

门 gate

故宫建筑群一些建筑的翻译如下：

乾清宫 Palace of Celestial Purity

坤宁宫 Palace of Terrestrial Tranquility

御花园 Imperial Garden

（4）"贵宾休息室"还是"贵宾厕所"

在许多著名旅游热点地区经常可以看到英文招牌和广告，这显然是为了方便那些会说英语的外国游客而设立的。但是不规范的表达法、错误的拼写、生编硬造的英文反而起了事与愿违的作用。2002年，北京开展了一个为期半年的活动，以纠正那些有错误或者误导的英文路标和招牌。[①]

在靠近天坛的一家餐馆里，菜单上的crap英文意思是"废话"，结果外国游客欣喜地发现，"废话"原来是一道美味的海鲜，其实，是菜单上把crab错拼成了crap。还有"软炸爪牙"或者是"软炸典当物"，结果发现是一道"软炸对虾"，原来把"对虾"的英语prawn错拼成了pawn。

据北京旅游局的一位官员说，很多英文路标、广告、菜单和招牌是英文语法和中文文法的奇怪组合，经常让外国游客丈二和尚摸不着头脑。有的地方把"贵宾休息室"的英文直译成"VIP Rest Room"。可是至少在美国，"rest room"是厕所的意思。简直难以想象，尊贵的宾客坐在"厕所"里"休息"！虽然，美国人眼里的rest room不完全是我们普通中国人所认为的"厕所"，因为rest room里有大镜子、梳妆台等，可供女士们梳妆打扮，但是toilet仍然是其重要的功能之一。

3. 住宅广告常见缩写词的含义

下面是常见缩写词的含义：

A/C — air conditioning 空调

eve. — evening 晚上

appl. — appliances 电气设备

appt. — appointment 面谈

frig. — refrigerator 冰箱

[①] 冯庆华：《翻译365》，人民教育出版社，2006，第210页。

ba. — bathroom 浴室

gard. — garden 花园

bdrm. — bedroom 卧室

kit. — kitchen 厨房

cpt. — carpet 地毯

mgr. — manager 经理

dec. — decorated 装修

vu. — view 风景

dep. — deposit 定金

pd. — paid 已付

dinrm. — dinning room 餐厅

st. — street 街道

ele. — elevator 电梯

Pkg. — parking 停车场

unf. — unfurnished 不配家具

Xint. — excellent 完好的

下面来看一些我国常见的建筑文化词汇及其翻译。

汉语建筑词汇用语	英文翻译
（1）西关大屋	（1）Xiguan（western side）dawu mansions
（2）竹筒屋	（2）zhutongwu mansion
（3）客家围（龙）屋	（3）Hakka's circular house（weiwu in Chinese）
（4）骑楼	（4）sotto portico（qilou in Chinese）
（5）开平碉楼	（5）Kaiping Castles
（6）石板巷	（6）stone-slab-paved lanes
（7）羊城	（7）(The) City of (Five) Rams
（8）五羊雕塑	（8）Statue of Five Rams [The Statue of Five Rams is the emblem（symbol）of Guangzhou City]
（9）光孝寺	（9）Guangxiao Temple（the first Buddhist temple even before Guangzhou coming into being and famous for its Five-Hundred-Abbot Hall）

续表

汉语建筑词汇用语	英文翻译
（10）光塔	（10）Guangta Minaret, located in Huaisheng Mosque
（11）能仁寺	（11）Nengren Temple
（12）金刚法界	（12）the Invincible Dharma
（13）六榕寺	（13）Liurong（Six-Banyan）Temple
（14）五仙观	（14）Wuxian（Five Immortals）Temple
（15）三元宫	（15）Sanyuan（Taoist）Palace
（16）黄大仙祠	（16）Wong Tai Sin Temple
（17）南海神庙	（17）Temple of South China Sea God, also Polo Temple（594 BC-）at Huangpu Harbor, is an evidence of this overseas trading tradition. It is called Polo, for it comes originally from the word paramita in Sanskrit, meaning reaching the other side of the ocean.
（18）广州耶稣圣心大教堂	（18）Guangzhou Sacred Heart Cathedral
（19）云津阁	（19）Yunjinge Pavilion
（20）莲花塔	（20）Lianhua（Lotus-Flower）Pagoda
（21）越秀镇海楼	（21）Zhenhai Tower（Five Story Tower appeasing the sea）on Mt Yuexiu
（22）阁	（22）mansion
（23）塔	（23）pavilion
（24）亭	（24）kiosk
（25）牌楼	（25）pailou
（26）曲桥	（26）zigzag bridge
（27）水榭	（27）waterside pailion
（28）柳堤	（28）river bank（embankment/causeway）lined with willow trees

第四章 翻译学的文学视域研究

不管是中国还是西方,在长期的发展过程中都积累了丰富的文学财富,中西方想要实现文学层面的交流与传播,就需要利用翻译这一媒介工具。因而,从很早之前,人们就开始从文学视角展开对翻译学的研究。本章重点研究文学领域的翻译理论与实践内容。

第一节　文学与翻译

一、文学发展的影响因素

文化差异是人类社会发展的综合作用结果，具有明显的地域性。由于作家的文学作品创作行为是在特定的国家和社会政治文化背景下进行的，因而，文学作品中往往会包含特定的文化元素，而这种元素在跨文化翻译行为中需要重点处理。对应到文学作品翻译中，就是要区分好作品中涉及的各类文化差异。具体来说，文学作品翻译中表现比较多的文化差异主要有以下几个方面。

（一）文化价值观差异

文化价值观是影响人们文化认知的深层次要素。中西方文化是在中西方文明演进的过程中逐步沉淀、形成和传承的。文化产生和发展背景的不同，使得文化呈现出较大的差异，进而使得在文化熏陶下形成的价值观产生了比较明显的差异，体现到文学作品中，就是文学用语、思维和习惯的差异。例如，在中国的文学作品中，经常会出现与"龙"相关的论述，因为在中华文化中，龙代表吉祥、富贵，深受民族认同和尊重；在西方文学作品中，作家较少使用这一词语，因为在西方文化价值观念中，龙代表的是邪恶和毁灭。虽然文学作品创作是作家自身的事情，但由于文学作品最终要面向读者进行阅读和传播，因此，作家在作品创作时，往往会从国家或者社会文化价值认同的情况出发进行遣词造句，这就使得文化价值观的差异在文化作品中较为常见，是文学作品翻译中需要重点关注的内容。

（二）自然环境差异

艺术来源于生活，又高于生活。这说明，文化艺术作品通常是在生活环境的启发下产生的。文学作品虽然是作家对特定的人、事、物等要素进行理解和讲述，但其往往具有明显的环境依据。自然环境是人类生活环境中的重要组成部分，通常也是文学作品创作中重点挖掘和利用的要素。然而，同一自然环境因素在不同的文化背景下往往被解读为不同的内容，这就使得中西方文学作品中的自然环境要素出现较为明显的差异。

受长期农耕文明的影响，中国的文学艺术作品中经常会出现牛、马、羊等与农业相关的语言，作家倾向于使用马到成功、龙马精神等具有褒义性的词语；受海洋文明的影响，西方的文学作品中经常会出现与海洋相关的语言，并用这类词语来象征特定的意思。例如，会用"big fish"表达"大亨"的意思。自然环境差异的另一个表现就是国家地理位置的不同。以"东风"为例，中国位于亚洲大陆东部，太平洋西岸，深受"东风"的滋润，因此文学作品中经常用"东风"来寓意美好、有生命力；英美国家分处于欧洲大陆和美洲大陆，所处的地理位置正好与我国相反，"东风"往往是寒冷刺骨的，因此，在文学作品中，"东风"经常被理解为没有生命力或者寒冷的意思。

（三）风俗习惯差异

风俗习惯是在特定文化背景下产生的人们共同遵守的行为模式或者行为规范。作家创作文学作品时，由于作家本人深受其自身成长环境中的风俗习惯的影响，使得文学作品中会出现风俗习惯表达方面的内容。地域性是风俗习惯具有的明显特点。对应到文学作品翻译中，受中西方地域文化差异的影响，作品中关于风俗习惯表达的翻译也会出现明显的差异。以社交礼仪习惯为例，受传统儒家思想的影响，中国的社交注重长幼有序，礼节上多采用点头致意或者拱手等保守性的礼貌表达，而西方国家的社交行为并不注重这些，更看重的是人与人之间的平等交流，礼仪表达也体现为贴面礼和吻手礼等。同时，出于礼貌的考虑，中国的社交讲究含蓄性表达，而西方的社交更侧重于意思表达清楚，语言简单直白。显然，这些风俗习惯的差异，使得文学翻译中的语言处理需要重点考虑作品对应读者所处的风俗习惯氛围，确保风俗习惯翻译表达准确无误。

（四）神话典故的差异

神话典故是中西方文学作品中经常引用的内容，其具有认知广泛和内涵深刻的特点。但是，受地域文化等因素差异的影响，中西方的神话典故往往表现出明显的不同。在西方文学作品创作中，作家倾向于选择古希腊、古罗马的神话故事作为作品中的素材，提高文学作品中语言的夸张性和象征性；在中国文学作品中，作家倾向于选择符合世俗民情且通俗易懂的经典神话或者坊间故事作为文学作品中含蓄性的语言表达，目的在于提高作品中语言的艺术性和生活化内涵。对文学作品翻译来说，因为中西方关于神话典故理解的不同，往往需要对作品中的神话典故对应的背景内容进行系统性梳理，然后在目标语言的文化背景下进行语言意思的转化，使翻译的语言符合神话典故的原意，而不是简单、机械地翻译。

二、文学翻译的策略

文化交流是不同文化背景下的人之间发生的沟通行为。随着近年来国内外文化艺术交流活动的日益频繁，一些经典的文学作品开始在国内得到广泛传播。文学作品翻译作为搭建文学作品在国内传播桥梁的中间环节，其翻译的质量和效果直接影响到读者对文学作品中的精神思想、文化艺术风格的理解和把握，进而影响到文学作品的国内认同度。然而，文化差异因素的存在，使得如何处理好文学作品中文化内容的有效转换，成为文学作品翻译中需要重点关注和解决的问题。实际上，文学作品翻译既要从语言学、翻译学等学科角度出发进行探讨，也需要从社会学、人文学等学科加以剖析研究，进而使最终的翻译内容既符合文学原则的精神内涵和语言习惯，又能够迎合不同文化背景下多元主体文学作品阅读的习惯和兴趣，而这需要在长期的文学作品翻译实践中进行调适和优化。

文学作品翻译中的文化差异是客观存在的。翻译者应采用艺术性的手法和技法来处理作品中的语境和文化差异，使作品中的语言鸿沟被缩小甚至填平，这样才能够在尊重原作品的同时完整地呈现作品的内容。结合上述文学作品翻译中存在的文化差异，在实际的文学作品翻译中，可以通过以下策略来应对跨文化翻译的挑战。

（一）丰富翻译参考辅助资料

与文学作品创作不同，文学作品翻译需要兼顾作品在不同文化语境下的含义，确保翻译结果的准确性和完整性。中西方文化差异的普遍存在，使得负责文学作品翻译的人员要尽可能多地掌握文学作品内容相关的信息，保证翻译过程和结果的准确。因此，对翻译者来说，在作品翻译过程中，要多查阅相关参考资料，明确中西方文化的差异，为文学作品中文化差异内容的顺利翻译提供信息支持。这里以fish一词为例进行分析。翻译者除了掌握该词对应的一般性意思——鱼，还要对特定语言背景下该词对应的意思进行查阅、积累和推敲。例如，在wetter than a fish这一组合中，"fish"就具有"湿"的意思，而在like a fish out of water中，fish则对应对环境依赖度高的人或者对象。显然，对中西方存在明显差异的文化内容，翻译者需要做的就是多了解和掌握相关的资料，尽可能地掌握词语或者句子对应的所有意思，然后再根据具体的语境进行整体性的翻译处理。

（二）注重艺术性加工处理

虽然文学作品翻译要注重原作品意思表达的完整性，但这并不等同于用机械性的方法来转换词语或者语句的意思，而是要在保证翻译内容结构和意思整体完整的基础上，进行艺术性表达，使文学作品中的艺术内涵和特点能够得以保持。对应到实际的翻译活动中，就是要在掌握词语或者语句真实意思的基础上，从文学的思维出发，对内容进行艺术性的润色和修饰，使语言表达更加顺畅、直接和艺术。例如，在翻译you are making a pig's ear of that job时，可以首先从字面上将其理解为"你在刮猪毛"，但是，这种翻译显然不符合语句对应的语境，出现了违和感，这时就需要从上下文的语境中寻找准确的理解思维，即这句话是在批评或者抱怨一个人把事情处理错了，继而可以将该句翻译为"你把事情弄糟糕了"，相比而言，这种翻译要比"你在刮猪毛"的粗糙翻译更加具有文学内涵。实际上，在翻译中，对于可能因为自然环境或者风俗习惯差异而出现的翻译问题，可以带着简单翻译的内容到目标语言环境下寻找更为贴切的表达。例如，在翻译wetter than a fish时，可以从中文语境环境下找寻能够表达"比鱼还湿"的对应表达，进而可以找到诸如"淋得像落汤鸡一样"等更为切合原文意思的表达方式。

（三）准确把握文学作品的情感基调

情感表达是作家创作文学作品的目的之一。能否准确地将作家在作品中表达的情感表现出来，是衡量文学作品翻译效果的关键性指标。在实际的作品翻译中，翻译者应通过整体阅读的方式，理顺作品中人物、故事的脉络，并对作者赋予的各个人物的情感、态度等立场性内容进行基本确定，然后细化翻译，这样可以确保不会因为翻译而扭曲了作者通过作品想要表达的真实情感意图。例如，在作品《老人与海》中，翻译者通过阅读作品，可以将桑迪亚哥这一人物的性格特点确定为不趋炎附势，然后以此为人物的性格标志进行相应内容的翻译，这样既可以保持整部作品中这一人物描述的统一性，也能够保证翻译结果与作品原文内容的一致性。

文学作品翻译是促进文化传播交流的重要手段。开展文学作品翻译，具有促进文学作品的跨文化传播，丰富本土文学作品创作，满足读者多样化的文学阅读需求的功能。但是，在实际的文学作品翻译中，通常会遇到跨文化翻译的难题和挑战，这主要体现在文化价值观差异、自然环境差异、风俗习惯差异、神话典故差异等方面。针对这些翻译中面临的差异，翻译者要在丰富翻译参考辅助资料的同时，注重艺术性加工处理，准确把握文学作品的情感基调，以确保翻译结果的准确性、完整性和艺术性。

第二节　文学翻译学理论阐释

一、跨学科综合翻译批评模式的范畴

（一）共时翻译批评与历时翻译批评

共时翻译批评是指将同一原文多个在同一段时间内出现的译文进行比较批评。这类批评往往是考察哪一个译本更准确或译者的人格特征和文学旨趣等。译文的差异主要在于译者的翻译理念、文学修养、个体秉性。

历时翻译批评则是将同一原文的几个跨越时间很大的译本进行比较，通过考察其中的文体、叙事、诗学、文化、规范、副文本等因素，发现历时的区别，并揭示演变的规律。如果从历时的视角来考察译本对原著故事的选择、读者的接受诗学、公众阅读的视界、翻译规范的嬗变、古代中国的形象构建，便能发现很多问题。

（二）文本内翻译批评与文本外翻译批评

文本内翻译批评是指对文本的文体、叙事、文化等问题定量和定性的研究；文本外翻译批评则是对译者翻译理念、翻译行为与学术定式、社会—政治—历史—文化语境、意识形态、传播的赞助人和守门人（gatekeeper）等问题的研究。对一些研究者来说，这两个方面往往是割裂的，不能关联起来。怎样将文本内翻译批评与文本外翻译批评关联起来呢？首先是文本内批评：描写，分析，比较文本内的语言、文化、主题特征。其次是分析影响文本成形的译者因素，比如译者的生活阅历、学术重心、翻译理念与习惯、个性心理等。再次是探寻决定译者因素的社会—历史语境、读者接受诗学、文学系统与主导规范。最后是历时视角下，译文对读者接受诗学、社会思想变迁所产生的影响。翻译批评过程中三个核心因素，文本特征图景、译者综合定式、社会文化规范，它们的互动关系体现于图4-1之中。

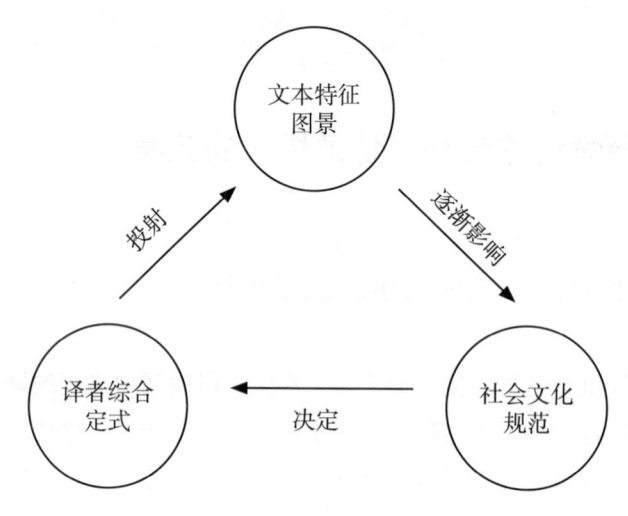

图4-1 文本内与文本外融通批评的三因素互动

二、跨学科综合模式翻译批评的研究路径

这一部分我们以难度更大的汉英翻译批评作为讨论对象。包括：

（1）形合手段的丰富、有效。比如，表达因果逻辑的方式有：because等近30个明示原因的逻辑关系词；which引导的定语从句；前置独立结构；语序表达隐含因果关系。其中有强因果和弱因果的区别，译者对因果方式的选择是否最佳地表现了原文的因果旨意。

（2）心理视点的恒定。对汉语句式中不断变换的视点，英译文是否选择一个重要的因素作为恒定主语，以此为中心展开，在后面的叙述中保持心理的连贯。

（3）主题、命题的二级分界。这是针对汉语流水句的翻译批评，包括：是否将流水句根据主题切分为若干个英语句子？在一个主题单元内，译者是否分辨其中的命题，以及它们之间的内在逻辑关系（总说—分说、并列、递进、转折、因果、铺叙—主旨、主旨—补充），再次选择恰当的逻辑关系词，将隐含的关系显化?

（4）段落的主旨。有时候汉语一个段落会是多元论题和主旨的夹杂，英译中是否能够根据主旨分为不同的段落？

（5）语言的简洁。简洁的译文常常使用：复合意义词；矛盾修辞法、转移修辞法、隐喻；行使动词或从句功能的介词；独立结构、插入语、补足语；将汉语中描述性状的小句转化为前置的形容词或连字号结构定语等。同时还会避免下面的成分：不必要的副词（+动词）或形容词（+名词）；镜像陈述（mirror image statement）；语境自明的成分；不合英语规范的重复词。

（6）压缩与推进。根据汉语重过程、英语重结果的特性，汉英翻译的时候：汉语的范畴词、主观的心理活动词、量词、叠词等过程性词语，会在英译中压缩；英译的语义可以再向前推进一步，将汉语的新知信息变成英语的已知信息，再启动下一个动作，或将汉语的动作意义推至它所预期达到的结果意义，这样的处理更能体现英语思维的特征。

第三节　文学翻译学理论的应用策略

　　文学翻译是翻译的一个重要类别，它不仅要考虑不同语言间的转换，更需要在此之上使用较为具体、灵活的文学翻译策略。在中国经典文学的翻译中，不同的体裁形式所运用的语言独具特色，具有美学功能，并与艺术活动所蕴含的形象思维有着密切联系。因此，不同的文学体裁应采用不同的翻译策略，这就对译者提出了更高的要求。译者不仅需要具备深厚的语言功底，还需要拥有丰富的文学修养，在对原作理解与表达的过程中，最大限度地传达出原作的艺术风格。

一、诗词翻译

（一）诗词的语言特点

中华古典诗词之所以具有形式美和韵律美，是由汉字的特点决定的。汉字作为世界上流传最久远的表意文字，不仅是中国文化得以记录和传承的精华与脊梁，也是汉语具备"诗性语言"特征的基础，在诗歌创作上占尽了优势。注重"意合"的特点使得汉语在组合上具有很强的灵活性、跳跃性和自由度，这一点在诗歌创作中直接呈现为意象的密集，这是由于受到篇幅的限制，诗人为了在有限的篇幅中传达出深刻的意蕴，往往采用语序的颠倒、省略、压缩等来实现"言简义丰"的目的。可见，诗歌创作的过程就是汉字中各个要素的重现和整合的过程，最大化呈现汉字的特点，这是其他文体难以企及的。

（二）诗词的翻译技巧

庞德对中国古典诗歌的英译有不少更改之处，有些归因于他创造性的翻译手法，也有些源自他对原诗的误读。从传统的翻译理论来看，庞德英译的中国古诗对原作而言讹误较多，忠实性大打折扣，加深了人们对庞德译作的误解和批评。但若以解构主义翻译的观点来探析，就能合理地评析庞德译作的立异之处，还能探寻译作与原作、译者与作者的平等互补关系，从解构主义翻译观中获得更多启发性思考。

1.打破忠实：庞德英译古诗中的创造性

中西学者一贯秉持"求信""求真"的翻译标准，要求译文尽可能地贴合原文，以译文的忠实程度来思量译文的可取性，对译文里出现的改译、误译持反对意见。然而，解构主义坚持文本意义的不确定性，强调源语文本的意义一直是开放的、流动的、不断生成的，译文无法从真正意义上对原文做到内容上的忠实和结构上的对等。解构主义翻译观打破了一成不变的"忠实"原则，允许译者发挥主观能动性，也为翻译中出现的文化误读和误译现象提供了理论依据。落脚于庞德具体的英译中国古诗，庞德身为译者的主体性和创造性值得称赞。

以庞德对《怨歌行》的改译为例，他将原诗重新题名为Fan-Piece, For Her Imperial Lord，直接点明原诗中的核心意象"团扇"和诗中暗指的"君王"，直白地引导读者把握诗歌的关于宫怨的悲情主题。《怨歌行》本就短小精悍，但庞德的英译仅有三句，"O fan of white silk/clear as frost on the grass-blade/You also are laid aside."。译诗前两句是对前四句"新裂齐纨素，皎洁如霜雪。裁为合欢扇，团团似明月"的糅合，形容团扇宛如秋冬草叶上的白霜，纯白而又光洁。"You also are laid aside"一语双关，also传达出君王即将团扇搁置又无情冷落嫔妃的双重内涵，与最后两句"弃捐箧笥中，恩情中道绝"相吻合。

与原诗相比，庞德的英译只保留客观事物的呈现，捐弃了所有修饰性的字词，使原诗中哀怨的情绪愈发含蓄，令人回味。

庞德对中国文化的掌握十分有限，除了对原诗的增译或漏译，他的译作还存在很多典型的误读和误译。《华夏集》中，庞德将"烟花三月下扬州"译成"The smoke-flowers are blurred over the river"。"smoke-flowers"显然是庞德对"烟花"的误解，却巧妙地呈现出一种迷蒙的视觉意象，无疑是庞德对原诗送别画面的领悟和重构。庞德的误译也常与英语语法不合，敢于挑战英语诗歌的语言规范。譬如，他破格性地将李白的"荒城空大漠"和"惊沙乱海日"分别译成"Desolate castle, the sky, the wide desert"和"Surprised, Desert turmoil, Sea sun"虽说不顾词法和句法规则，多个意象的平行并置却有力地渲染出荒凉壮阔的诗歌意境。

上述几例可以看出，庞德对中国古典诗歌的英译有以下特点。

首先是语言的简练与自由。庞德采用自由诗体来表达原作，背离了原诗的古典形式。从解构主义角度出发，翻译是一种"延异"行为，庞德在所处的20世纪初西方文化语境里解读中国古诗，其生成的译作符合当时文化语境下的语言风格即可。

其次是意象的并置和凸显。庞德的英译古诗常常删繁就简，略去诸多原诗的修辞性以及抒情性的表达，只把原诗里的重点意象并置在译文里，使译诗比原诗的抒情更加含蓄，以供读者遐想。庞德在译诗里对意象的强调，更是与他所推崇的意象派诗歌创作理念达成了契合。

最后是文化的误读和差异。解构主义思想包容翻译里因文化误读而产生的差异，认为误译能为译作所处的主流文化带来新的文学表现形式。庞德的英译古诗推动了东方诗歌理念和西方意象派诗歌理论的交融，也为维多利亚时期的诗歌传统注入新活力。

2. 树立新生：庞德英译古诗与原诗的联系

通过具体实例的解析，庞德英译古诗的创造性和差异性显露出来，译作里受到批评的改译和误译也得以正名。接下来，庞德的译诗与原诗的联系也值得商讨。解构主义翻译观提出，翻译是赋予原作生命力的重要手段，译作衍生自原作，却又独立区别于原作。译作能够成为原作的"来世"，在时间和空间意义上对原作进行拓展和延续。以此推之，庞德的英译中国古诗是否也起到焕发原诗生机的功效？答案是肯定的。T. S. 艾略特在《庞德诗选》的序言中，曾高度称赞庞德是"我们这个时代中国诗歌的发明者"。他评论庞德的《华夏集》"将被视为'20世纪诗歌的杰作'，……庞德以其传神的翻译丰富了现代英语诗歌的宝库"。其中，庞德译自李白《长干行》的The River-Merchant's Wife: A Letter被收录于多家出版公司编选的经典英美诗集中，如《诺顿诗选》等，可见庞德的译作在海外受到了广泛的认可，为中国古典诗歌在西方的"播散"（dissemination）做出有力的贡献。同时，解构主义观还提倡文本的互文性，文本间既有联系的一面，更有差异的一面，所以译文和原文之间是平等互补，求同存异的关系。

庞德的英译中国古诗对原诗进行了个性化的解读，也对原诗内涵加入新的诠释，深化了原诗主旨。总体来看，庞德的英译古诗对原诗起到积极的影响，使中国古典诗歌在西方的文化语境里获得了新生。下面综合一些译者的观点，分析中国古诗词的翻译技巧。

（1）注重诗词的形式

众所周知，古代诗词所表达的形象往往与作者思想是紧密相关的，诗人喜欢利用一些恰当的表现方法来表达自己的思想和情感。对这类诗词的翻译，通常合理的做法是采用形式翻译，确保所翻译的译文在形式上与原文具有一致性，从而准确传达原文的形式美，体现原文的韵味。

在诗词中，诗词的形象、内容密切相关。诗人如果想要全方位传达自己的思想，就需要利用具体的物象来传达。进一步而言，形式翻译的过程中需要注重两个方面。①

第一，对诗词的形式进行保留，译者需要注重准确传达诗词所含有的文化特性以及内涵，这是首要的，进而保留诗词的形式，从而实现诗词翻译的形式与韵味的双重体现。

第二，保留诗词原文分行的艺术形式。不同的诗词使用的分行格式是不同的，格式在一定程度上也体现着诗词的意蕴，是作者不同思想意图的传达，因而译者在翻译过程中需要充分考虑诗词分行中所产生的美学意蕴，给予最大限度的保留。

在诗歌形式上，屈原打破了《诗经》整齐的四言句式，创造出句式可长可短、篇幅宏大、内涵丰富的"骚体诗"，开创了中国浪漫主义的先河。因而，对原文诗歌形式的再现对"骚体"的再现具有重要的意义。许渊冲认为，"形美"指"译诗在句子和对仗工整方面尽量做到与原诗形似"。②但是许渊冲所追求的并不是对号入座的"形似"。根据许渊冲的翻译诗学观，在诗歌形式的处理上，他兼顾翻译规范、目标读者的阅读习惯以及审美倾向等因素，忠实于原文的基础上合理使用归化策略，传达出原文内涵的同时，尽可能实现形式美。例如：

揽木根以结茝兮，贯薜荔之落蕊。
矫菌桂以纫蕙兮，索胡绳之纚纚。

I string clover with gather wine, oh!
And fallen stamens there among.

---

① 张欢：《浅析文化语境对诗歌英译的影响》，《今古文创》2021年第18期。
② 许渊冲：《文学与翻译》，北京大学出版社，2003，第69页。

I plait cassia tendrils and wine, oh!
Some strands of ivy green and long.

在翻译上，许渊冲根据英汉诗歌的异同，使用英语诗歌的平行结构再现原文诗歌的形式美，同时也实现了原诗的意美。首先，许渊冲的译文在句式方面，照顾到目标读者的阅读习惯，补出了主语I，构成英语SVO结构，第一、三句的字数对等，构成主语对主语，谓语对谓语的结构，给人以视觉上的美感。其次，译者发挥译语优势，在兼顾原诗形美的前提下，用等化的译法将"落蕊""菌桂"逐一译出，fallen stamens, cassia tendrils, strands of ivy green，再现了原文的意象，从而使读者知之、乐之、好之。

可见，许渊冲基于原文的基础上用符合英语语言规范的方式表达，充分调动自己的审美能力和创造能力，根据原诗内容选择恰当的译诗形式，将原诗的神韵传达出来，做到了形神兼备。

（2）传递意境美和音韵美

《离骚》诗歌里的意象是诗人情感的寄托。许渊冲先生译诗最讲究的是传达诗的内涵意义，却又不过分拘泥于原诗。例如：

椒专佞以慢慆兮，樧又欲充夫佩帏。
既干进而务入兮，又何芳之能祗？

The pepper flatters and looks proud, oh!
It wants to fill a noble place.
It tries to climb upon the cloud, oh!
But it has nor fragrance nor grace.

"香椒"和"茱萸"喻指专横的小人，"香草"则喻指品德高尚之人。首先，译者并没有将这些意象一一译出，而是将诗句的意思传达出来，可见，译者追求的并不是表层的意似，而是深层次的意美，展现了诗人笔下的小人谄媚之态。因而，译者采用了浅化的译法，将"香囊"译为noble place再现了官场中品行低劣的小人攀权附贵的行径。其次，许渊冲将原文中的部分意象省略，如将"茱萸""佩帏"以及"芳草"省略，并没有局限于原文，而是将诗句的意思传达出来。同时，译者也保持了诗句的押韵和形式上的工整，保持了诗歌的音美和形美，可见许渊冲把"意美"放在第一位，同时尽可能兼顾音美和形美的翻译诗学观。

（三）诗歌翻译实践：《过故人庄》多译本对比研究

诗歌中的意象并非诗人在诗歌创作过程中临时构思的，而是沉淀在社会文化中，成为语言符号的一种诗歌形象，承载着诗人的思想感情。许渊冲教授提出的"三美"原则中，意美是诗歌翻译最为重要的目标，要求译文达意且传情。盛唐文学可谓中国古代文学的顶峰，社会经济基础稳固，学术氛围自由且活跃，有才识之人或仕或隐，隐居一派受儒道释三家思想影响，归隐田园，修身养性，落笔抒情，逐渐形成山水田园诗派。孟浩然（689—740）的人生经历简单明了，没有太大的波折，由此其诗歌思想内容也相对简单，其思想情感也没有如其他诗人那般幽怨孤冷。作为继陶渊明、谢灵运之后的山水田园诗派的代表诗人，孟浩然的诗歌主要聚焦于自己的隐居生活与旅途风景，风格平淡闲逸而清幽。诗人以意象构建寓情于诗，译者则应挖掘探索其具体内涵，在译文尽可能还原诗歌意象，以达意传情。下面聚焦于六位中国译者对孟浩然《过故人庄》的译本，从表达性语义场视角探讨诗歌译文中的意象构建，以期能客观分析各译本在传达诗歌意象方面的得失。

1. 语义场理论

语义场理论（semantic field theory）是语义学的主要理论和重要研究课题之一。自19世纪，物理学界提出电磁场理论后，"场"这一概念就被广泛运用到心理学、社会学、语言学等各大领域。语言学家洪堡特最初提出了一种关于语言学体系的思想，"强调语言体系的统一性和语境对表达式的意义的影响"。索绪尔（2004）也曾多次强调语言是一个系统，有学者指出语言是"一个由多个系统组成的多平面、多层级的独立的体系"。

德国结构主义语言学家特里尔（J. Trier）最早提出"语义场"概念，而后随着美国结构语言学的发展，这一理论开始逐步引起学界关注。语义场理论认为，语言的词汇系统中，各个词语间互相联系依存，其意义则通过这样相互依存的联系而得以确定，语义场正是这些具有相近甚至共同语义的语言单位的集合。由于词语意义的迁延性与互渗性，词语间互相依存且能互相解释，语义场间既相互关联又相互独立。而词义间的渗透与关联，构建起了独特的表达性语义场。奈达（Eugene A. Nida）也曾指出："一般词典在给词项下定义时，大都提供实用语境的分析。对翻译工作者而言，还要在此基础上，弄清各意义之间的细微差别。而要辨明这些差别，则必须通过语义场中词与词的对比，对词项的意义关系作出分析。"

2. 《过故人庄》之意象分析

孟浩然"为学三十载"，本意图进士以"修身、齐家、治国、平天下"，然而事与愿违，求仕无望，故退而隐居，寄情山水，在自然中寻求自由与快乐。《过故人庄》是孟浩然隐居鹿门山时所作，是其山水田园诗的代表作之一。整首诗语言平淡简朴，天然去雕饰，叙述了受邀去村居朋友家做客一事，诗中描绘了山村恬静的风光、恬淡闲适的田园生活，同时也展现出了诗人与友人的深厚友谊。

诗歌开头点明此行原因，"故人具鸡黍，邀我至田家"。《论语·微子》有记录孔子的弟子与一村居隐者偶遇，"杀鸡为黍而食之"，"鸡黍"乃是农村热情待客时的饭菜，而故人先备菜再邀请，而诗人应邀而去，并无推辞，可见二人的情谊深厚且真挚。路上"绿树村边合，青山郭外斜"，"绿树""青山"色彩恬淡而温柔，一"合"一"斜"，一幅错落有致、层次分明的山水画映入眼帘，立体感十足，宁静淡雅又温柔和谐的氛围瞬间得以传递。"开轩面场圃，把酒话桑麻"描写的则是诗人和友人在吃饭时推开窗门，面向"场圃"，喝酒谈农事的情景，"场圃""桑麻"皆为农村生活中的常见元素，此情此景闲适而自然。相聚而后是离别，诗人说到"待到重阳日，还来就菊花"，等到明年重阳节，还要再来和友人一同赏菊，不邀自来，可见诗人率性洒脱，也表现出诗人与友人间的情真意切。

3. 《过故人庄》意象之表达语义场构建分析

在诗歌翻译中,意象的翻译过程实则为意象在译文中再次构建生成的过程。作为诗歌审美价值对等的核心,意象的翻译十分重要,需要译者深入理解其具体含义,并把握个中情感,"如果译者能从意象的语义信息、审美形式和深层意境结合原诗作者的创作意图、背景及社会文化语境多层次多角度地挖掘诗歌的语义及审美信息……未尝不能神形兼备地接近原诗之美"。可见准确翻译意象的语义信息的重要性。

王德春(1983)提出语义场理论认为,词义由构成该意义的多种关联义素组成,词义的确定由该词及其他词义所构成的纵聚合与横组合关系搭配决定。表达性语义场则是词义的渗透、兼容、互义而构建起的特定语义场,具有动态性、即时性的特点,新颖且合理。诗歌标题《过故人庄》中"过"与"庄"原本并不在同一语义场,但从表达语义场视角出发,两者彼此意义兼容渗透,互相影响,构建起了特定的语义场意象。

根据《新世纪汉英大词典》可知,"过"被定义为:pass(经过),spend(度过),undergo(经历),surpass(超过),excessively(过渡),mistake(过错);"庄"被定义为serious(严肃),village(村落),banker(坐庄),field(庄田),business places(店)。故"过"和"庄"的义素构成如下:

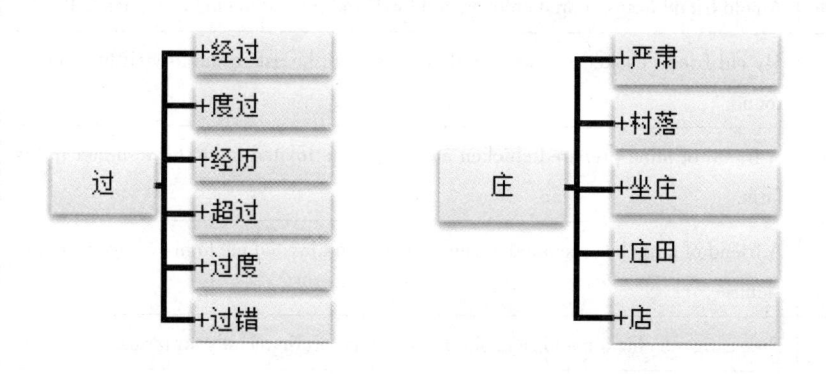

过
- +经过
- +度过
- +经历
- +超过
- +过度
- +过错

庄
- +严肃
- +村落
- +坐庄
- +庄田
- +店

在《过故人庄》一诗中,"过"与"庄"在特定情境下构成了表达型搭配,故二者原有的义素相互搭配、相互释义,进而构成"不完全规约性"的表达语义场。在这一表达语义场内,并非所有义素都能相互搭配组成相关意象,需要进行取舍。"过"的相关义素中,"经过"指到达后离开;"度过"

便是指共度好友相聚时光；"经历"指亲身体验，诗中的相关意象有"至田家""面场圃""话桑麻""就菊花"，而"超过""过度""过错"等义素则无法在诗中找到相关意象，应当舍弃。"庄"的相关义素中，"村落"能在原诗中找到"村""郭"等相关意象，"庄田"也有"田家""场圃""桑麻"等相关意象。由此可见，同一意象的义素取舍在不同诗歌中不尽相同，通过解读意象的义素所构成的表达性语义场将有助于客观全面地解读诗歌意象的意义。

《过故人庄》诗如其名，以平实朴素的语言叙述了诗人与友人相聚言欢的故事，表现出两人情谊的深挚，也表达了诗人对闲适隐居生活的喜爱。下面将选取与诗歌氛围营造及情感表达紧密相关的意象"田家""黍""绿树合""青山斜""场圃""桑麻""就菊花"作为分析对象，以许渊冲、蓝庭、曾冲明、曾培慈、唐一鹤、张炳星六位译者的译本为分析文本，探究诗歌翻译意象的义素构成，并判断译者是否做到了诗歌意象的准确再构建。

（1）诗歌第一联意象地表达语义场分析

译者	"故人具鸡黍，邀我至田家"译文
许渊冲	An old friend has prepared chicken and food, and invited me to his cottage hall.
蓝庭	My old friend cooked chickens and corns sound, he asked me to visit his cottage round.
曾冲明	A friend of mine prepared chicken and millet, he invited me to have dinner in his farm.
曾培慈	A friend of mine has prepared a country feast, and invited me to his village visit and sightsee.
唐一鹤	Preparing me chicken and rice, old friend you entertain me at your farm.
张炳星	My old friend invited me to visit farm, with chicken and millet he entertained me.

诗人以"鸡黍"这一意象向诗歌读者传递出友人与自己的友谊之深厚，具鸡黍以待客，便是以自家简单的家常菜邀人而来，待客简朴而不讲虚礼，

也展现出了中国古代传统的田园生活风貌。"黍"在《古汉语常用字字典》中有黄米饭之意，中国北方地区的主食，有一定地域文化背景，《诗经·魏风·硕鼠》中就有"硕鼠硕鼠，无食我黍"，便是警告大老鼠不要偷吃家里的食物。据《新世纪汉英大辞典》，"黍"被定义为"broomcorn millet"，而在该诗中，其语义场分析如下（图4-2）：

```
          ┬ +鸡肉
          ├ +黄米饭
          ├ +家常
具鸡黍 ────┤ -丰盛
          ├ +准备
          └ +食物
```

图4-2 "具鸡黍"表达语义场义素分析图

六个译本中，许渊冲译文food直接将意象浅化，但并不妨碍理解，"黍"也确属于food这一大类，蓝庭译文corns及唐一鹤译文rice则完全不符合"黍"的义素分析，虽然属食物一类，但并非小米millet；曾培慈译文"country feast"则选择忽略"鸡""黍"的文化意象，加以归化意译，然而《牛津词典》将feast定义为a large or special meal, especially for a lot of people and to celebrate something，与"黍"的语义场完全不符，曾冲明和张炳星的译文将"黍"直译为millet，完全符合"黍"的义素分析，这样的等化翻译保留了原诗的文化意象，又保留了原诗的叙述风格，让诗歌读者对中国古代乡村饮食文化也有了进一步了解。

综上，许渊冲译文food及曾冲明和张炳星译文millet皆符合"黍"的义素分析，其中曾冲明和张炳星两位译者的译文则更为贴切。

"田家"即孟浩然友人所居之处，有田地有房屋。据《新世纪汉英大词典》，"田"被定义为field, farmland, cultivated land, open area abundant in mineral resources，"家"被定义为home, family, person engaged in a certain trade, specialist in a certain field, person of certain characteristics, person related to oneself in someway, my, domestic, nationality, school of thought, party/side, 根据全诗的主题"过故人庄"可推断,此处"田家"的义素成分为(图4-3):

```
          ┌─ 乡村
          ├─ 耕地
          ├─ +房屋
          ├─ 家人
    田家 ─┤
          ├─ +朋友
          ├─ +房内
          ├─ +院子
          └─ +周围环境
```

图4-3 "田家"表达语义场义素分析图

六个译本中对"田家"的翻译各有不同,许渊冲译文his cottage hall,蓝庭译文his cottage round,曾冲明译文his farm,曾培慈译文his village,唐一鹤译文your farm,张炳星译文his farm。据《牛津词典》,cottage表示小屋,尤指村舍、小别墅,farm表示农场、饲养场,village表示多户人家组成的小村庄。许渊冲译文cottage hall范围仅限制在了房子内部,而忽略了房子的周边环境,蓝庭译文cottage round则反之,忽略了房屋内部,而局限于周边环境,曾冲明、唐一鹤、张炳星三位译者的farm则范围过大,曾培慈译文的village便不再特指友人这一家,而是指整个村庄,偏离了原诗意象。根据对"田家"的义素分析,六位译者的译文皆不完全符合原诗的语义场。

（2）诗歌第二联意象地表达语义场分析

译者	"绿树村边合，青山郭外斜"译文
许渊冲	The village is surrounded by green wood; blue mountains slant beyond the city wall.
蓝庭	I saw the village is by green trees surrounded. Out the village's wall, there are green mountains all round.
曾冲明	The village is surrounded by green trees; the blue hill slants beyond the walls of town.
曾培兹	Along the way there are clusters of lush green trees, once outside the town, there stretch blue mountains on one side.
唐一鹤	We watch the green trees that circle your village. And the pale blue of outlying mountains.
张炳星	Green trees surrounded the farm. And blue hill lay across the suburb of great charm.

"绿树合"是诗人来到友人所居村庄时看到的一部分景象，是身边近景，绿树葱葱环绕着小山村，与上下语境结合，描绘的是一幅清新悠然的乡村画卷。据《古汉语常用字字典》，"合"有闭合、聚集之意，司马光《赤壁之战》有"五万兵难卒合，已选三万人，船、粮、战具俱办"，描绘的便是战场之上千万兵卒聚集围绕的场景。《新世纪汉英大辞典》中"合"为close, join/combine/come together, round, add up to, jointly, whole, proper/appropriate。故"绿树合"的语义场如下（图4-4）：

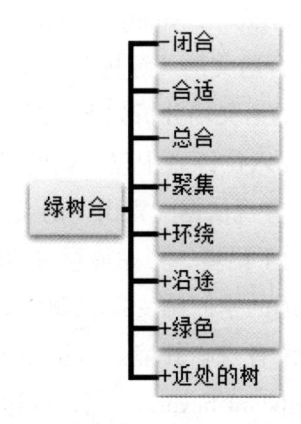

图4-4 "绿树合"表达语义场义素分析图

"绿树合"的表达型语义场要求译者在翻译的过程中考虑到意象与语境的关联性，有必要突出绿树的环绕或聚集的状态。六位译者的译文都基本达到这一要求，许渊冲、蓝庭、曾冲明、张炳星四位译者采用了surround这一动词，唐一鹤则采用circle一词，这两个动词都表现出了"绿树"这一意象的"环绕"状态，而曾培慈则加以方位状语加以修饰，"along the way"与clusters of lush green trees描绘出了沿途"绿树"聚集的状态，使得读者更能身临其境，体会这一幅山村图景。由此，六版译文皆基本做到了"绿树合"的意象传达，但曾培慈的译文更具动态感与画面感，能引发读者联想，其意象传达更符合原诗意境。

"青山斜"则是诗人赴友人之约时所见的远景，远处群山连绵，黛色青青，由"绿树合"过渡而来，视野开阔之感尽显。《古汉语常用字字典》中"斜"有倾斜之意，如辛弃疾《永遇乐·京口北固亭怀古》"斜阳草树，寻常巷陌，人道寄奴曾住"，即对夕阳缓缓落下的描述，由此则引申出倾斜着向前延伸之意，如温庭筠《题卢处士山居》有"千峰随雨暗，一径入云斜"，描写的便是大雨袭来，云层翻涌，山峰斜斜地延伸入云中的画面。需要注意的还有"青山"这一颜色的选择，《古汉语常用字字典》中"青"有三种颜色：一则为蓝色，如荀况《劝学》有"青，取之于蓝而青于蓝"；二则为深绿色，如刘禹锡《陋室铭》有"苔痕上阶绿，草色入帘青"；三则为黑色，如李白《梦游天姥吟留别》有"云青青兮欲雨，水澹澹兮生烟"，《将进酒》有"君不见高堂明镜悲白发，朝如青丝暮成雪"。据《新世纪汉英大词典》，"青"的义素有blue/ dark blue, green, young, youth，"斜"指oblique, slant, slope, tilted, inclined，但结合前文的"绿树"以及原诗此联中近景远景对比塑造的空间感，"青山斜"的语义场分析如下（图4-5）：

关于"青山"这一意象，六位译者中仅蓝庭的译文中选用了green这一颜色，其他译者皆选用blue，客观依据"青山"的义素分析，二者皆符合该意象对颜色的描述，但结合上下语境，考虑该意象的表达性语义场，则blue更为贴合原诗，加强由近及远的空间感受，以颜色对比勾勒出诗人眼中山村景致的远近错落，更能使读者身临其境。六位译者对"斜"的译文则有所差异，许渊冲与曾冲明选用slant beyond一词，表达出了"倾斜""由远及近""延伸"的义素，蓝庭的all round及张炳星的lay across则为环绕之意，有延伸感但缺乏远近空间感,唐一鹤的outlying mountains未能表达出"倾斜"之意,曾培慈以outside the town, stretch, on one side与前面的译文产生对比,其义素表达更为全面,最为贴合原诗。

```
             ┌─ -黑色
             ├─ +蓝色
             ├─ +深绿色
   青山斜 ───┤
             ├─ +倾斜
             ├─ +延伸
             └─ +远处的山
```

图4-5 "青山斜"表达语义场义素分析图

（3）诗歌第三联意象地表达语义场分析

译者	"开轩面场圃,把酒话桑麻"译文
许渊冲	The window opened, we face field and ground, and cup in hand, we talk of crops of grain.
蓝庭	When open the window, we faced the garden and ground. Wine cup in hand, we talk about mulberry and thread.
曾冲明	His windows are opened to face his fields, we drank and talked of crops and mulberries.
曾培兹	The dining hall has its doors wide open towards the courtyard, we drink to and talk about crops, yield and farm life.
唐一鹤	We open your window over garden and field, to talk mulberry and hemp with our cups in our hands.
张炳星	Opening the window, we faced a nursery and an extensive meadow. We with wine talked about mulberries and flax below.

"面场圃"是对诗人与友人吃饭时,打开窗户面向田园这一画面的描写。据《古汉语常用字字典》并结合诗歌语境,"场"在中国传统田园生活中指

的是收打庄稼、翻晒粮食的平地，如蒲松龄《狼》"顾野有麦场，场主积薪其中"，"圃"则指的是种植蔬菜的园子，如《墨子·非攻》有"仅有一人，入人园圃，窃其桃李"。在《新世纪汉英大词典》中，"场"的义素有place for a particular purpose，site/ spot/ scene，stage/ sports arena，the duration of a performance or game，farm/ field，field（physics），"圃"则为garden。由此，"场圃"的语义场分析为（图4-6）：

```
          ┬ +场地
          ├ +土地
          ├ +面积小
          ├ -运动场
面场圃 ────┼ -庭院
          ├ -场合
          ├ -草坪
          ├ +农作物
          ├ +种植
          └ +菜园
```

图4-6 "面场圃"表达语义场义素分析图

关于"场"，许渊冲和蓝庭选用ground，曾冲明和唐一鹤选用field，张炳星选用an extensive meadow，曾培慈选用courtyard，皆未能完整表达"场"在中国传统文化中的具体义素"打谷场"，其中张炳星译文的an extensive meadow完全偏离原诗意象。据《新牛津英语词典》，曾培慈的"courtyard"多指带围墙的别墅旁小庭院，也与诗歌中所描绘的村庄小屋的农家院子差距甚大。关于"圃"，蓝庭和唐一鹤直译为garden，张炳星译为nursery，皆较为贴合原诗意象，其他三位译者则未给出对应翻译，或意译或浅化。但考虑"场圃"这两个意象所蕴含的文化背景意义并不影响此联的理解，对此略有让步并无不可。

"话桑麻"是诗人与友人吃饭时交谈的内容，村居生活，有友相伴，谈论着农事，凸显出宾主相谈的惬意悠然。"桑"与"麻"是中国古代两大重要的农事活动，据《古汉语常用字字典》，"桑"即指种桑养蚕，如《晋书·礼志》有"先王之制，天子诸侯亲耕籍田千亩，后夫人躬蚕桑"，"麻"则是对麻类植物的统称，如《荀子·劝学》"蓬生麻中，不扶而直"。《新世纪汉英大词典》中"桑"即为"white mulberry"，"麻"即为"hemp/ flax/ jute, sesame, coarse/ rough, pitted/ spotted, numb/ tingling"。结合语境，"桑麻"的语义场分析为（图4-7）：

图4-7 "话桑麻"表达语义场义素分析图

对"桑麻"两个意象，六位译者各有其处理方式，蓝庭、唐一鹤、张炳星选择直译为thread/ hemp/ flax，曾冲明忽略了"麻"的意象将其译为crops and mulberries，许渊冲和曾培慈则用"crops（庄稼）"来替换"桑麻"的意象，曾培慈还辅以yield and farm life来泛化"桑麻"加以解释。对比"桑麻"的语义场分析，蓝庭、唐一鹤、张炳星等人的译文仅停留在意象表面，未能表达出意象的整体意义。许渊冲、曾冲明、曾培慈三者的译文皆选用了"crop"一词，据《牛津高阶英汉双解词典》，crop的义素有plant "food" large quantities，grain曾冲明译文保留了部分意象mulberries并用crops加以泛化概括，许渊冲的译文"crops"忽略了原诗的意象，但还比较贴合意象的表达性语义场，曾培慈译文crops, yield and farm life虽忽略了意象本体，但其一文中的补充信息泛化覆盖了基本义素。

综上，曾培慈的译文更为贴近原诗。

（4）诗歌第四联意象地表达语义场分析

译者	"待到重阳日，还来就菊花"译文
许渊冲	When the Double Ninth Festival comes round, I will come for chrysanthemums again.
蓝庭	When Double Nine Festival comes around, I'll come again to enjoy chrysanthemums be found.
曾冲明	When the Double Ninth Day comes round, I'll come to him for chrysanthemums again.
曾培兹	Looking forward to the Double Ninth festival we are, to again gather here and chrysanthemums admire.
唐一鹤	Wait till the Mountain Holiday——I am coming again in chrysanthemum time.
张炳星	When the Double–Ninth Day comes, I'll come again to appreciate chrysanthemums high and low.

"就菊花"是诗人与友人来年的约定，待到重阳节时，两人再相聚一并赏菊。据《古汉语常用字字典》，"就"有接近靠近、前往之意，如荀况《劝学》"故木受绳则直，金就砺则利"，屈原《离骚》"济沅湘以南征兮，就重华而陈词"。在《新世纪汉英大词典》中"就"的义素为"come near/ approach/ move towards, arrive/ reach, go with, by, engage in/ undertake, at once, even if, concerning, accomplish"等。结合原诗语境，"就菊花"的语义场分析如下（图4-8）：

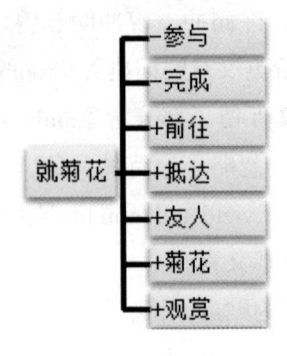

```
              ─参与
              ─完成
              +前往
    就菊花 ── +抵达
              +友人
              +菊花
              +观赏
```

图4-8 "就菊花"表达语义场义素分析图

关于"就",曾冲明译文"I'll come to him"和曾培慈译文"to again gather here"则点明了与友人的重聚,两人再共赏菊花之意。许渊冲译文"I will come for",蓝庭译文"I'll come again to enjoy",唐一鹤译文"I am coming again",张炳星译文"I'll come again to appreciate",重点都在于陈述我会再来,而忽略了"友人"这一义素。但在诗歌第三联中,六位译者都已经用到了we,早已提前道出了第四联暗含的"友人"义素,故此处不予以明晰化则更为简洁且贴合原诗意象。

诗歌翻译并非易事,要做好诗歌中的意象传达亦是难上加难。应用语义场理论为诗歌翻译中的意象解读与翻译提供了新视角,译者可以借由该理论对诗歌意象的准确内涵进行客观分析,把握意象的基础义素,充分感知原诗,使译文重现原诗的表达性语义场,在译文中完整重构原诗的诗歌意象。唯有将意象层层解析,译者才能重现诗人的"融情"于意象,向读者传情达意。

二、散文翻译

(一)散文的语言特点

1. 简练、畅达

英语散文要求简练、畅达。简练的散文语言不仅能够将所要表达的内容传达出来,还能够表达作者对人、对物的态度。这不是作者精心雕刻的,而是作者最朴实的情感表达。畅达的散文不仅能够让词语挥洒自如,还能够让情感表达自由自在。总之,二者是相辅相成的关系,是散文重要的生命线。

2. 节奏整齐、顺畅

众所周知,散文具有很强的节奏感,这主要在其声调的分配上有合理的展现。散文的节奏感还体现在句式的整散交错,长短句的紧密结合。正是因为散文的节奏整齐,因此让读者在阅读时能够朗朗上口,感觉到顺畅自然。①

（二）散文的翻译技巧

1. 动态、静态转换

语言是人对客观世界的一种反应方式，也有动态和静态的不同表达。静态的表达往往会把事物的运动和变化描述为一个过程或状态。动态的表达法则注重对引起变化或运动过程的行为、动作。英语句子基本意义常常用静态表达，而汉语则通常用动态表达。

2. 情感的传达

散文的创作在于传达作者的思想感情，因此情感是散文的灵魂所在。在对散文进行翻译时，译者需要对原文的情感进行体会。也就是说，要想让渡准则顺利读完译者翻译的散文，获得与原作读者相同的感受，就需要译者把原作的情感融入进去，这样才能真正地移情。

（三）散文翻译实践：以《花生的荣耀》选段为例

释意理论是由玛丽安·勒代雷和达妮卡·塞莱斯科维奇于20世纪60年代末提出的，释意学派认为翻译不仅需要传达言内意义，还要传达特定语境中的言外意义。如果语言是一种交际行为，那么翻译的对象必然是交际意义，而交际意义则是语言知识和语言外知识相结合的结果。要实现意义对等，翻译就需要实现交际意义，而认知对等和情感对等是实现交际意义的两个主要部分。在翻译过程中，译者要理解源语言，脱离其语言形式，对译文进行再创造，实现意义对等。在此基础上，释意理论提出了三个翻译步骤：理解、脱离源语言外壳和重新表达。

在释意理论视角下的中国现代散文翻译可以采用如下几种方法，以《花

---

① 张保红：《文学翻译》，外语教学与研究出版社，2010，第167页。

生的荣耀》选段为例。

1. 意义对等理论

事实上，释意理论也可以称为"意义理论"。为了实现意义对等，认知对等和情感对等是两个主要部分。而情感对等则要求对原文作者的移情和对其语言的充分理解。

（1）认知对等

释意理论认为，要全面理解源语言，就需要认知对等。认知对等是由文本的言内意义和译者的认知补充相结合而实现的。认知对等包括译者的文化背景知识、主题知识和百科知识等。例如：

"在谷雨前的一段日子里，他们要让土地充分地 '醒一醒' '兴奋兴奋'，把那攒了一冬的劲儿啊，可劲儿地憋足喽。"

"During the days before the 'grain rain', the land has been gradually awakened to the strength that has accumulated for a whole winter."

这句话提到了中国传统节气中的"谷雨"，在这样的文化背景下，我们中国人很容易理解。然而，对大多数来自其他国家的读者来说，理解比较困难。这体现了通过增加关于中国传统文化的主题知识和百科知识来实现认知对等。

（2）情感对等

作者的情感通常都不是以语言形式存在的，而是存在于字里行间，这就使译者对原文作者的情感感同身受，对作者的表达有一个透彻而敏感的理解，从而重新表达情感意义，实现情感上的对等。例如：

"它来自最优良的品种，它来自最肥沃的土地，它承托着生命延续的重任，它寄予着家乡庄户人的幸福与厚望！"

"They are from the best strain and have grown on the most fecund land, so they are assigned the mission of continuing life, and the promise of a happy future of the farmers!"

这句话主要是作者对花生的溢美之辞。在情感上,"承托着"这个词隐含着家乡人赋予了花生这种延续生命的责任的意思,表达了人们对花生深深的爱、期待和希望。如果把它翻译成have undertaken,语言缺少感情。因此,如果译者与原文作者没有情感共鸣,就不容易实现目的语的情感对等。

2. 三角模型理论
(1) 词汇层面

英汉语言的差异导致这两种语言在词汇、句法和语篇层面上也存在着许多差异。要把词汇层面上的文化负载词等翻译好,译者首先要准确把握原文的隐含义义,然后摆脱原文的语言形式,在目的语中重新表达出来。[①]这一翻译的心理过程符合释意理论的三角模型。例如:

"那颗颗饱满而又坚挺的花生种子,个个脸桃红仁乳白,品相端正圆润,身骨俊朗丰腴,恰似那庄户人家媳妇偏房内张贴年画上的福娃娃。"

"These plump-eared peanut seeds have pink skin and ivory white kernel, with plump and pretty appearance, just like the "lucky babies"(footnote: "Lucky babies" refers to Chinese lucky baby, which is an adorable image of a baby on the traditional Chinese New Year painting, who usually wears a red bib embroidered with the Chinese character "Fu", which means good fortune and happiness.) on the new year pictures put up in the wing-room of the wives of peasant families."

以上句子涉及一个中国文化负载词"福娃娃",而且原文中,"福娃娃"一词运用了隐喻。如果简单将其翻译成"幸运儿",花生和"幸运儿"之间

[①] 张培基:《英汉翻译教程》,上海外语教育出版社,2009,第158页。

的相似性未表现出来,那么原文的比喻意义就毫无意义了。为了保留该词的修辞效果,译者需要了解"福娃娃"的隐含义义,并对其进行补充解释。这种思考过程与三角模型是大致相同的。

(2)句法层面

从句法上看,中英思维方式也有许多差异。例如,我们都知道文学作品中有许多短句和松散句,尤其是散文。在英语文化中,译者要想使目的语得到读者更广泛的接受,就需要注意英语对长句的偏好。思维方式上的差异要求译者摆脱句子结构,以更流畅、更地道的方式重新组织目标语,这也符合三角模型理论。例如:

"那壳自它一分裂,好像立马变得个个灰头土脸,躲进簸箕里掩面叹息,/而那颗颗被双手温暖抚摸过的花生仁,起初倒是惊乍,神情紧张,继而笑靥万千,个个眉飞色舞,/它在一瞬间便明白了主人们全部的心思,觉得自己完全可以放开任性调皮不会受任何嗔怪!"

"Since it's cracked, the shells seemed to become dusty and dirty in appearance, hiding in the dustpans to bury their faces and heave a sigh, while the peanuts that have been caressed by people's warm hands seemed to be surprised and nervous at first, but soon beaming with joy. It's like they instantly understood all the thoughts of their masters, feeling that they can be willful and mischievous to their heart's content, without being blamed at all."

散文作品中有许多短句和散句。这个例子就体现了散文的这一特点,译者要想使译文更容易被接受,表达更地道,就应该划分意群,再加上一些连词重组句子。

(3)语篇层面

文本是翻译中的最大单位。英汉两种语言在语篇结构上有许多相似之处和不同之处。不同文本的翻译应具有不同的特点。语篇翻译强调语篇分析和语用意义。下面从衔接手段这个方面对语篇进行分析,以说明语篇意义的重要性。例如:

"家乡人在暖洋洋的光线下，说说笑笑，间或打打闹闹，上了年纪的老人，三四十岁的男人，刚过门没多久的新媳妇，话题有东有西，内容有种田耙地有乡间趣闻，/放了学的孩子在旁边打沙包下象棋，/二十郎当岁的小伙子和嫂子们撑掇斗嘴，不时引起阵阵欢声笑语。"

"Basking in the warm sunshine, the folks in my hometown, maybe including the elderly, men from thirty to forty years old or new brides were playing with one another once in a while, and laughing and chatting about different topics from farming and harrowing the soil to anecdotes in the countryside. Meanwhile, the children after school were pitching sandbags and playing chess nearby; the chaps around twenties and women were bickering with each other, arousing gusts of laughter."

语篇翻译的关键在于语篇逻辑的合理性。在分析词汇和语篇结构的基础上，译者应考虑到语篇的完整性，运用逻辑关系准确地理解原文的意义。在语篇中，连词的翻译也反映了"汉语重意合，英语重形合"的特点。散文的形式总体上比较松散，衔接手段不明显，这可能体现在句子结构和思维方式的转变上。英语需要用虚词来完成"形"。因此，该文本的译者在翻译之前首先要理解原文的逻辑，用连词表达出隐含的逻辑关系，如including和and，使句子更具逻辑性和连贯性。因此，增补逻辑关系词的这个思考过程也反映了三角模型理论的运用。

三、小说翻译

（一）小说的特点

1. 形象与象征

小说的语言往往通过象征等手法，将情感、观点等形象的表现出来，而不是简单地直接叙述。也就是说，小说的语言往往会用形象地表达对人物、事件等进行描述，使读者产生身临其境之感，从而获得与小说中人物一样的感悟与体会。小说对人物、事件等展开具体的描述，其使用的语言也用具象语言代替抽象语言，这样让读者获得感染。小说中经常使用象征的手法，象征并不是绝对代表某一观点、某一思想，而是用暗示的方式将读者的想象激发出来，用有限的语言表达言外之意，用象形的语言表达暗示之意，极大地增强了小说语言的艺术性与文学性，这也凸显了小说的一大特色。

2. 讽刺与幽默

讽刺即字面意义与隐含意义之间呈现对立，有时候，善意的讽刺往往能够产生幽默的效果。讽刺对语篇的伦理道德等有教育强化的意义。幽默对增强语篇的趣味性意义巨大，肃然讽刺与幽默的功能差异比较大，但是将二者相结合，能够获得更大的效果。讽刺与幽默的效果往往需要通过语调、语气、句法等手段来彰显。

（二）小说的翻译技巧

1. 人物性格以及人名的翻译

小说特别重视对人物进行刻画。因此，译者在翻译时，需要注意选词，找到恰当的表达手段，让读者通过读译作，形成与原作读者相同的人物印象。另外，姓名不仅是单纯的语言符号，更富有文化内涵以及社会意义。因此，译者应该考虑如何将日常交际中人物姓名的翻译规范化，以便达到文学作品中的人名翻译能够最大限度传达作者的语义，同时保持原作风格的效果。

《红楼梦》是中国文化的瑰宝，其中的人名更是极具中国传统文化特色，涉及小说人物多达四百余人，被誉为中国古典小说史上描写人物的典范作品。曹雪芹这位语言大师，十分灵活地利用了汉语在音、形、意等方面的特点，赋予了《红楼梦》人物一个个独特的名字。但是，正是这份独特的命名艺术，常常给读者带来理解方面的困难，只有结合作者所处的时代背景以及每个人物的性格特征和命运，才能领略这些名字的独到之处。正因如此，这更为小说的翻译带来了巨大的障碍。下面主要通过对比分析霍克斯译本和杨宪益译本在《红楼梦》中人物姓名的英译，进一步分析和比较不同翻译手法所体现出的人名翻译特色，从而得出在翻译富有汉语言文化特色的文学作品人名时，不同译者所采取的不同方法与技巧，帮助大家进一步客观认识人名翻译行为，从中发现和总结出更多的人名翻译策略，通过对比分析不同人名翻译策略的运用，推动更多优秀译本的出现。

"《红楼梦》本身是一座中华语言文化的宝库，其众多的外文译本亦是翻译研究取之不尽的资源。"[1]这里主要讨论《红楼梦》中人名的翻译。到目前为止，关于《红楼梦》的英译，有两个比较完整的版本：一个是杨宪益夫妇译本，他们主要对人名采用了音译的办法；另一个则是霍克斯译本，他对主角名字采用音译而次要人物意译的办法。

Classification	Chinese name	Yang version	Hawkes version
Main Characters	Jia Zheng	Chia Cheng	Jia Zheng
	Jia yucun	Chia Yu-tsun	Jia yucun
	Jia Baoyu	Chia Pao-yu	Jia Baoyu
	Lin Daiyu	Lin Tai-yu	Lin Daiyu
	Xue Baochai	Hsüeh Pao-chai	Xue Baochai
	Yuanchun	Yuan-chun	Yuanchun
	Yingchun	Ying-chun	Yingchun
	Tanchun	Tan-chun	Tanchun
	Xichun	His-chun	Xichun
	Jinchuan	Chin Chuan	Golden
	Yuchuan	Yu Chuan	Silver
	Xiren	His-jen	Aroma

---

[1] 冯全功：《新世纪<红楼>译学的发展现状及未来展望》，《红楼梦学刊》2011年第4期。

续表

Classification	Chinese name	Yang version	Hawkes version
Main Characters	Kongkongdaoren	The Reverend Void	Vanitas
	Mangmangdashi	Buddhist of Infinite Space	Buddhist mahasattva Impervioso
	Miaomiaozhenren	Taoist of Boundless Time	Taoist illuminate Mysteroso
Other names	Qiguan	Servants' Names	Bijou
	Baoguan	Pao Kuan	Tresor
	Fangguan	Fang Kuan	Parfemee
	Lingguan	Immortal Names	Charmante
	Wenguan	Wen Kuan	Elegante

　　根据表格不难发现两个版本的异同。首先，很明显有两个相似之处：杨和霍都采用音译来翻译小说中的主角名字，针对神仙的名字两版本均采用了意译的方法。

　　采用音译的方法来翻译主角姓名大有益处。首先，无论采用霍克斯倾向的中文拼音系统还是杨宪益偏爱的韦氏拼音系统进行音译，都可以暗示汉语名字中的重复字以及发音，这可以帮助读者理解中文名称文化。而且，由于有些名字是成组出现的，所以音译更可以暗示人物关系。例如，贾家的四姐妹，他们名字的结尾都带有"春"字，表明她们的姐妹关系。这些主角名字的音译可以帮助外国读者清楚地了解他们之间的关系。

　　而针对神仙的名字，杨宪益和霍克斯不约而同地选择了意译的方法。首先僧侣、神仙这种具有中国文化特色的人物身份是外国读者比较罕见的，因此采用意译的方法不仅可以为整个故事营造一种神秘的氛围，也能够比直译或者音译更易于读者理解。例如，仙女、和尚等这些不为大众熟知的角色，只会出现在特定的时代，但是这些人物的名字以及其本身又对后面的故事情节起到了重要作用，因此这些名字的翻译不容忽视。意译可以使他们的身份易于区分，并表达出其名字的隐藏含义。因此，两位译者多选择具有神秘含义的单词，如"虚无""无限""无国界""伟大的圣人"等这些带有强烈神秘感的词语。而通过上表也可以明显看出两个版本有很大的翻译差异。杨宪益主要使用韦德-吉尔斯（Wade-Giles）系统来命名大多数人物，而杨主要采用意译的方法，尤其针对其中隐藏有特殊含义的人物名字，杨宪益通常在其中添加脚注以进行解释。但是，霍倾向于音译，并使用汉语拼音系统作为主要的翻译基础。

另外，虽然杨宪益和霍克斯在翻译神仙和僧侣的宗教名字时都使用了意义翻译，但是对于具有特征的名字，他们选择了不同的词。杨宪益偏爱使用英语单词，但霍克斯充分利用了多国语言，如英语、希腊语、法语、梵语、拉丁语和意大利语。杨宪益通常使用那些与中文名称具有相似含义，并且在翻译其名称时具有很强的神秘感的英语单词，如牧师空虚、热情的和尚、无限空间的佛教徒、无限时的道家等。这些单词的身份可以通过英译清楚地显示出来，这是因为杨选择了不朽和尚的名字作为词语。这样这些名称就可以营造一种神秘的气氛，并且很适合这个故事。尽管这些角色看起来很常见，但它们在整部小说中仍然占有重要的位置，因此霍克斯更加关注这些名称，并使用多语言对其进行翻译。

杨在翻译仆人的名字时主要采用音译，从而可以向外国读者介绍中文姓名文化，但由于大多数仆人的名字在小说中都有隐含的含义和特殊功能，因此音译往往不能够将这些全部表达。相反，霍克斯采用意义翻译来翻译仆人名字的时候，由于考虑仆人地位低下的现实因素，霍克斯偏爱用植物、石头的词语来意译仆人的名字。

2. 语境的翻译

语境就是语言环境，指的是用语言展开交际的场合。小说的语境的翻译要比语义的翻译更加困难。译者在翻译时，应该注意分析原作的总体与个别语境，运用恰当的表达手段，对原作语境进行准确传达。

（三）小说翻译实践：《心是孤独的猎手》中译本分析

目前，在国内市场上，《心是孤独的猎手》这部小说有陈笑黎译本（2014）、秦传安译本（2017）等14个不同的中文译本，其中秦传安和陈笑黎两位译者的译本在出版时间上较新，比较具有代表性，且他们在这本书的翻译上采用了不同的翻译策略，翻译风格也大不相同，因此带来了不同的翻译效果和阅读感受，前者注重意义的传达，后者注重文字的使用，二者各有优点和不足。笔者通过查询CNKI、万方网、维普网，目前还没有发现针对该小说译本对比分析研究的相关论文，由此下面旨在通过对陈笑黎译本和秦传安译本的对比分析，探究功能对等理论对文学翻译的指导作用。

1.功能对等理论

对等论作为西方翻译理论中的核心部分一直被各学者所研究，从英国翻译理论家泰特勒的同等效果论到德国翻译理论家考尔的效果相等，再从里厄的对等原则到奈达的功能对等理论，其理论本质属性就是追求语言之间的对等。功能对等理论下，翻译不应过多受制于原文的语言形式，译者应在综合考虑读者感受的前提下，保证译文与原文在形式的对等，同时完成信息传递，使译文措辞通顺自然，译文内容达意传神，原文读者与译文读者的反应基本一致。

2.功能对等视角下对《心是孤独的猎手》两个汉译本的对比研究

这里选取了陈笑黎译本和秦传安译本，主要从习语层面来分析两个译本的异同之处。英语习语在英语语言中享有非常重要的地位，蕴含着丰富的文化信息且来源复杂多样，它主要包括成语、谚语、俗语、典故和一些俚语。英语习语是英语学习的重要组成部分，但文化差异是英语习语翻译的一大障碍，只有全面理解文化差异，才能进行正确的翻译。

"Holy Jesus!" Portia said. "Twelve dollars!"

秦译本："天啊！"波西娅说，"十二元！"

陈译本："神圣的耶稣！"波西娅说，"十二块！"

Holy Jesus作为英语国家的习语非常常见，这类习语属于人名习语，Jesus是上帝的儿子，中文翻译为"耶稣"，但是在日常生活中，这个词通常是失去人名代码的作用，只是表达一种惊叹的语气。功能对等理论告诉我们，译文要使原文读者与译文读者的反应应当基本一致。所以，在翻译这类词时，一般不译为人名，这里采取归化翻译更加合适，秦传安的译文符合这一策略，而且也符合译入语读者的文化习惯。陈笑黎的译文在形式上符合源语，但是带有翻译腔的生硬之感。因此，秦译更合适。

a drop in the bucket

秦译本：九牛一毛而已

陈译本：微不足道

a drop in the bucket在中文里面有多种形式传达意义，如"九牛一毛""沧海一粟""微不足道""杯水车薪"等。功能对等理论指出，翻译是用最恰当、自然和对等的语言从语义到文体再现源语的信息，所以如何选择也是值得考虑的问题。这里的a drop in the bucket属于一种习语表达，秦传安将其译为"九牛一毛"，陈笑黎将其译为"微不足道"，基本意义正确，也都体现了文体上的对等。但仔细比较这两个成语不难发现，还是存在着些许差异。秦传安的译文更注重数量而不是意义；而陈笑黎的译文中的"微不足道"，更偏重于意义方面的微小。原文内容表达的是一个人只看到了事物的一部分，所以这里的a drop in the bucket强调的是数量上的少，可见秦译更合适。

Biff Brannon noticed it immediately and raised his eyebrows.

秦译本：比夫·布兰农马上注意到了，吃惊地扬了扬眉毛。

陈译本：比夫·布瑞农一眼就看到了他，疑惑地扬扬眉头。

这个例子中，raise one's eyebrow属于表达人物情绪的一个习语，字面意义为将眉毛上扬，抬高眉毛，形容人吃惊、惊奇。秦传安将其译为"吃惊地扬了扬眉毛"，既表达了内在含义，又符合了形式上的一致；陈笑黎将其译为"疑惑地扬扬眉头"，意义稍有偏差，两位译者都没有直接字对字地进行直译。他们都遵循了功能对等原则，与形式对等相比较，意义对等更重要，所以秦译更好地传达了原意。

《心是孤独的猎手》作为一部小说，其精练的表达、讲述故事的方式、特有的文化色彩等都对读者具有吸引力，但也是翻译时应该慎重考虑的地方。笔者以奈达的功能对等理论为指导，对两个英译本进行了对比分析，发现秦传安的译文更注重意义的表达且具有联想性；陈笑黎的译文更注重于原文的形式。无论哪种译文，都不可能做到源语和译入语之间的绝对对等，但我们要努力达到译入语读者在阅读译作时，和原文读者阅读原作时有相同的感受和反应，这就是功能对等在文学作品翻译上的指导作用，即译文与原文达到功能上的对等，这也是一名译者在翻译实践中努力追求的目标。

第五章　翻译学的语用视域研究

　　语用学是一门系统性学科，是语言学的一个重要分支，其主要是对语言的运用与理解展开分析。近些年，作为语言学分支的语用学发展十分迅速，其对人们的日常语言运用起到了重要的引导作用。因此，很多学者对语用学给予了关注。随着语言学与翻译研究的深入，很多学者开始从语用学角度对翻译展开研究，以开阔新的研究视角。

第一节　语用与翻译

一、语用学的内涵

语用学，即语言实用学，它区别于语义学与句法学，是指从特定的交际语境出发，站在交际功能的角度，解析交际参与者表达的语义，最终深入探究言语行为规律的一门研究学科。语用学提出处于社会中的人的言语行为为各种社会规约所支配，因此对语用学的研究不能脱离具体的语境，也不能单纯地从语言表面形式的词语组合结构出发去解释，而应该研究特定的话语在特定语境中的意义，即从具体使用语言的情境出发，结合口语交际本身所处的社会环境、文化环境、交际对象等因素来解释语言的意义。

（一）会话含义理论

会话是一种社会交往。它是由发话者和受话者积极参与并相互协作而产生的。会话分析的基本目标是要弄明白发话者想要表达什么，而受话者又是怎样理解他的意思并做出反应的。

格赖斯认为合作原则的目的并不是判断说话人的话语是否符合合作原则及其准则，而是当说话人并没有遵守或者部分遵守合作原则及其准则时，听话人可以根据说话人的字面含义推断出说话人话语中隐藏的真实含义。[1]

因此，在合作原则的基础上，格赖斯提出了会话含义（Conversational Implicature）概念。而会话含义推理是指一种在会话双方达成合意的前提

---

[1] 冉永平：《从古典Grice会话含义理论到新Grice会话含义理论》，《重庆大学学报（社会科学版）》1998年第2期。

下，结合语境和背景知识，进行推理的方法。[1]

（二）言语行为理论

1. 奥斯汀的言语行为三分说

奥斯汀最初将言语分为两大类：陈述句和施为句（完成某种行为的句子）。但是二者没有明确的区分和判断标准。他也意识到这个分类标准不够科学，后将一个完整的言语行为分为言内行为、言外行为、言后行为。

2. 塞尔对言语行为的分类

塞尔继承了奥斯汀的言语行为三分说，但是只保留了言外行为和言后行为，这在后来的语用研究中有着不可小觑的地位。塞尔的言语行为理论在一定程度上向人们厘清了话语的表面意义与言外之力之间的区别。

（三）语境理论

1. 语境的含义

语境简单来说就是语言发生和运行的环境，也就是说语言必须在一定的环境中才能体现其价值。任何话语或言语事件都必须在一定的语境中才能发生。若没有语境，那么话语就没有实际意义。

从语言教学来考虑，学生若要提高交际能力，那么在教学过程中，教师就需要通过教学活动让学生明白语境的作用，让学生时刻注意语境与交际需求的不同，注意话题和焦点的变化。

2. 语用学下的语境观

众多哲学家认为语境是一个与语用学紧密相连的概念。由于早期的语用

---

[1] 齐建英：《论一般法律会话含义推理及其有效性》，《法学论坛》2016年第2期。

学在某种程度上可以说是哲学的副产品，因此语用学中关于语境的研究一开始就与哲学有着紧密的联系。譬如，日常语言学派哲学家维特根斯坦通过观察孩子的游戏，发现角色是在游戏中动态地体现出来的，从而推断语言的意义也是在特定语境中体现出来的。奥斯汀指出说话的场合很重要，所使用的词的意义在某种程度上要结合原本设定好的或实际上已在语言交际中体现出的语境才能得到解释。格赖斯等也都论及语言意义在具体情形（语境）下的使用问题。

莱文森在《语用学》一书中明确指出，语境只包括一些基本参数，如参与者的身份、角色、居住地、对参与者拥有的知识或理应知道的内容的假设以及会话产生的地点等，并声明有些语境因素，如社会交往原则和许多具有文化差异性的原则等是被排除在外的，原因是为了遵循哲学语言学的传统。黄衍提出语境是系统地使用一个语言单位的动态环境里的任何相关的东西。它包含不同的来源，如物理的、语言的、社会的以及共有知识的。当然，这并不意味着语用学家们对语境的本质有了一致的认识，语境的复杂本质和语境自身都具有语境敏感性，使得要给出一个学界共享和认可的定义甚或理论视角都是不可能的，通常都只能描述或捕捉语境的某一个小的方面。

无论语义学家还是语用学家都认识到语境的宏观与微观维度，而在另一个维度即静态与动态方面，语义学家主要关注的是语境的静态性，而语用学家则逐渐强调语境的动态性、开放性和建构性。

语境可以通过三种方式不断扩展：一是调取已有的或推导出的假定加入语境；二是加入关于已经进入语境中的概念和假定的百科知识；三是关注周围环境的信息，能够产生关联的信息都可进入语境。维索尔伦指出语境是个动态的而不是静态的概念。因为环境是持续变化的，所以参与者能够在交际过程中互动，语言表达能够变得可理解。维索尔伦用图表现了语境的动态建构。[①]他指出，图中的三个世界不是截然分开的，话语发出者和话语解释者也不是对立的，在实际的场景中常常相互换位。物理世界、社交世界和心理世界对说话人和听话人的话语产生与话语理解都会产生影响。说话人和听话

---

① 陈新仁：《汉语语用学教程》，暨南大学出版社，2017，第86页。

人的视线（各由两条斜线构成）在物理世界、社交世界和心理世界的交汇处便是影响当前交际的语境因素，而这些因素会随着二者视线的变化而发生变化，各种世界中的因素若并未渗入交际过程中也就不一定算是语境因素，因而语境是交际双方动态选择的结果。比如，一只蚂蚁从说话人的脚边爬过去，其基本上不参与话语建构，就谈不上是语境因素，除非它以某种方式介入双方的交谈，便可成为语境的一部分。

3. 语境的功能

（1）语境对词义的选择功能

语境对词义的选择功能表现在以下几个方面。第一，确定指示对象。无论语法多么正确、字面意义多么清晰，离开语境的显影作用，很多内容可能让人无法理解。第二，扩大词义。词语的词典意义是稳定的，但是一旦进入到不同的语境中，词义就可能发生变化，通常不外乎词义的扩大与缩小。第三，缩小词义。词义的缩小是指在具体的语境中词语表达的意义比编码义更具体的情形。

（2）语境对句义的选择功能

语境对句义的选择功能主要包括消除歧义和支持含义推导。首先，消除歧义。歧义句是非常普遍的语言现象，脱离语境，通过语义分析，只能确定歧义句到底表达了几层含义，却无法消除歧义。在具体的语境中，歧义的消除是很容易的。由于语言的线性特征（即人在处理语言时的线性模式），在交际中，言语的歧义必须能够在某种层面上得以消解，否则就会引起困惑。[1]其次，支持含义推导。说话人经常在交际中使用某些暗示性话语，要理解其中的含义更需要结合语境信息进行推导。

（3）语境对交际者关系的选择功能

话语本身可以传达一定的信息，如说话人对双方的熟悉程度、身份、话语权力等信息的认识和预设。然而，同样的话与不同的语境互动可能产生不一样的结果，不同的语境可能对会话双方的关系进行重构。语境对交际者关

---

[1] 陈新仁：《汉语语用学教程》，暨南大学出版社，2017，第88页。

系的选择功能具体体现在以下几个方面。

①确定人物关系。称呼语的使用可以显示出说话人与听话人的亲疏程度，但有时候同样的称呼语在不同的语境中会有不同的表达效果。例如，《战斗的青春》中的胡文玉与许凤之间的对话："胡文玉见她那样，只好停下来，装出委屈的神情说：'许凤同志，这是怎么回事？'许凤咬牙切齿地说：'谁跟你是同志，走！'""同志"在抗战年代具有高度政治认同含义，胡文玉称许凤为同志不仅想表明他与许凤的熟人关系，还想说明自己与她是同一战线的战友，然而胡文玉的变节使得许凤拒绝这一称呼，以此拉远彼此间的距离。①

②确定话语身份。身份既不是给定的，也不是一个产物，而是一个过程；身份不是简单地源自个体，而是来自磋商过程和具体语境等。既然身份是动态的、磋商的，那么一定是在具体的语境中反映出来的。也就是说，语境对话语双方的身份进行了选择。例如，《红楼梦》中，贾政与元妃本是父女，元妃却不称其为父亲，且言语简短；贾政虽是父亲，却称女儿为贵妃，称自己为臣或"政"，且话语冗长、正式，完全不是常规意义下的父女对话。因为在该语境下，话语要构建的主要是贵妃与臣下的身份，而非父女身份。

（4）语境对话语方式的选择功能

从宏观的社会语用角度看，语境还对说话人的说话方式有制约作用。粗略地说，说话方式有直接与间接、礼貌与不礼貌、得体与不得体之分。这几个维度无法穷尽话语方式，但无疑是比较主要的方面。此外，这几个方面无法截然分开，如得体往往意味着礼貌和间接，但也不是必然，间接不一定意味着礼貌，礼貌也不一定意味着得体。

①选择直接与间接。针对言语行为，直接与间接就是越不加修饰甚至粗鲁地表达个人意图，就越直接，反之就越间接。选择直接或间接的表达方式要看语境，并非越直接或越间接越好。如果是在日常交往中，用语一般应当选择间接的表达方式，以体现文明、平等、礼貌等。

---

① 雪克：《战斗的青春》，人民文学出版社，2006，第45页。

②判断礼貌与不礼貌。同样一句话,在不同的语境中,可能是礼貌的,也可能是不礼貌的。例如,"麻烦你把这份文件打印出来一下,我马上要用。""麻烦"是因为自己要求别人做事而表示歉意的表达。如果说话人是公司董事长,听话人是秘书,作为秘书,文件打印之类的事是分内事,那么这句话是很礼貌的。但是,若反过来,是秘书对董事长说的话,无论理由多么充分,这句话都是欠礼貌的,因为秘书要求董事长为其做一件不是分内的事,措辞就应当更加委婉和礼貌。

③确定得体与不得体。得体与否还有一个同义词就是"合适"与否,做出一个合适的话语选择需要考虑多种因素,如社会的、认知的、人类学的、文化的及个人的等,简单地说就是交际应当基于人的情感达到一种平衡状态这一前提。那么,在特定的语境下就应当说特定类型的话,如果话语与语境不匹配,就会产生不好的效果。可见,明白在什么情况下说什么话是十分必要的。

二、语用与翻译研究的融合

在翻译中当形式等值、语义等值和语用等值不能同时获得时,要实现交际目标,要使有效翻译成为可能,译者需要决定何种等值应该被优先选择以完成有效的翻译,语用翻译是很好的选择,因为它将人类纳入考察的视野而能够从多变的语境中掌握动态的整体语言系统。通过阐释语境理论,分析语境视角下英汉语用翻译策略的运用对翻译的过程和结果能起到促进作用,以便能更好实现英汉语言之间的交际目标。

语境是语用学的一个重要概念,语用学研究的意义不是由静态语言系统自身生成的,而是由交际情境下的参与者传达和操纵的动态交际现象。纽马克指出:"语境在所有翻译中都是最重要的因素,其重要性大于任何法规、任何理论、任何基本词义。"

纽马克关于语境的说法可理解为翻译离不开语境,因为语境中的语用意义是动态的,不是孤立的;语用意义也可以被看作是语言形式和交际行为参与者之间的关系，语用意义实质上是指语境中的意图。

语境因素是翻译研究不可忽视的，因为语境差异因文化习惯的不同而带来的思维习惯以及理解方式上的不同，人们借助语境达到交流的目的，翻译时会因为语境明显地影响具体词语的选择和安排。

格赖斯（1975）语用翻译的意义理论以及利奇（1983）关于语用语言学的观点都认为，要理解说话人的意图，听话人首先必须正确识别和理解语言的基本意义和规约意义。根据语用翻译的观点，译者往往要考虑包括文化、源语文本、译文发起者的要求、译者动机以及读者在内的各种宏观语用因素和指示语、会话含义、言语行为、礼貌和关联等微观语用因素。要想实现语用上的等效翻译，可采取不同的语用翻译策略，如转换翻译、套译以及语用含义的全面嵌入译法等。

第二节　语用翻译学理论阐释

一、转换翻译

把一些非人称主语转换成汉语的状语以再现句子的逻辑意义。一些情况下，可根据上下文的语用意义，将某种状语从句转换成其他类型的状语从句。因此，当语言语境因素，如从语法意义、语义意义等方面无法传递源语所表达的真实逻辑意义时，就应优先考虑语用因素，即语用意义，如翻译目的、翻译动机和译入语读者等因素，从而准确传递语用意义，实现交际意图。

（一）英语的定语从句转换为汉语的状语从句

In a dispute between two states with which one is friendly, try not to get involved.

当两国发生争端时，如与两国都友好，则力避卷入。

该例的定语从句含有表条件的状语意义，即"如与两国都友好"，为了使汉语译文更为流畅通顺、更符合逻辑，翻译时根据其实际语用意义，将原文转换成汉语的条件状语从句。

I could not recognize him who had changed so much in the past ten years.

我几乎认不出他了，因为在过去十年中，他变得太多了。

该例的定语从句的实际语义是"在过去十年中，他变得太多了"，表原因。译文处理时优先考虑其实际语用意义，译为原因状语从句。

（二）英语的非人称主语转换成汉语的状语

除了一些定语从句含有状语意义，根据语境分别用不同含义的状语从句来翻译。然而，主语通常作为动作的执行者或谓语所陈述的对象，在某些英语句子中的非人称主语也含有状语意义，其功能相当于状语，翻译时也要根据语境，用状语形式来翻译，以实现其实际交际效果。例如：

To translate this ideal into reality requires hard work.

要把这种理想变为现实，我们得辛勤劳动。

该例的主语含有目的意义，翻译时转换成表目的的状语符合原句的逻辑意义，常见于不定式作主语的句子。

This field witnessed a battle.

这片土地上曾打过仗。

该例的主语是地点，谓语是"见证"，句子主语含有状语意义，这句话相当于"A battle was fought in this field."遵循汉语表达习惯及其语境，主语转换成表地点的状语，译文读起来通顺自然。

（三）状语从句类型转换

充分考虑到语言语境因素，如篇章内部上下文的环境，词、短语、语段或篇章的前后关系，在翻译某种状语从句时将它转成其他类型的状语从句，使译文更加符合汉语习惯。例如：

We can't stop the job until we have the approval from the authority concerned.

如果没有相关当局的批准，我们就不能开始这项工作。

该例的实际语境意义是"没有……的话，就不能……"将until引导的时间状语从句转译成条件状语从句是基于汉语语境的考量。

Something further must be down to the amplified signals before that can be sent to the transmitting antenna.

对于放大了的信号，必须做进一步的处理后，才能把他们传送到发射天线上去。

该例将before引导的时间状语从句转译为条件状语从句"必须……才……"，符合句子的语境意义，更为连贯。

以上的英语定语从句、非人称主语及状语从句类型等的转换译例，充分说明语用翻译策略的运用对翻译的交际效果产生积极影响，能更好地实现原句实际语言交际目的，是加强语气效果的有效途径。

二、对译

对译中弥补文化差异，采用本国语言文字中已有的词语套用之，弥补语境中的文化差异。中英文里面有一类习语，可以完全套用，传达相同的意思，同时又存在于源语和目的语之间。例如：

Love me, love my dog.

爱屋及乌。

该例如果直译成"爱我的话，也爱我的狗。"这样的译法读起来甚是别扭拗口，中文语境里有习语与之十分相像，那就是爱屋及乌，套译过来，十分贴切，不仅能准确地传达出所要表达的意思，还能彰显两国语言文化的共同精华。要注意的是，套译法的应用也不是随心所欲的，应慎防对文化语境差异的估计不足而导致的误译。

第三节　语用翻译学理论的应用策略

一、品牌的语用翻译

广告是一种特殊文体，据雅各布森（Roman Jaeobson）对语言功能的分类，语言有六种功能：所指功能、诗学功能、感情功能、意动功能、交感功能和元语言功能。品牌与广告不仅具有所指功能，而且有很强的意动功能，通过言语的表达来说服或影响他人做出消费行为。为了达到更好的意动功能，广告各显神通，品牌名称更是异彩纷呈，可以说，精彩的品牌是镶嵌在广告这顶皇冠上的宝石。翻译时如何使品牌在译入语中也能成功地发挥原来的品牌效用？在这类翻译中应注意英汉两种语言的差异与两种文化对翻译的影响，采取多种方法结合，以避免语用失误，从而收到较好的广告效果。

（一）中英文品牌的共通之处

1. 注重描述产品特性和功能

品牌广告的设计往往别出心裁，大都注重对产品特性和功能的描述，但其中也存在一些共性的东西，或者负载文化信息。

Boeing译名"波音"形容飞机如音速般迅捷，体现了飞机作为交通工具最显著的优点。电脑品牌"联想"电脑作为信息传输与信息整合的功能，其译名Lenovo由legend和innovation两个词融合而成，innovation体现了电子产品发展迅速，不断创新的特点。

2. 品牌名称常常负载文化信息

语言与文化密不可分，不同语言往往反映了不同的文化传承、不同民族的地域特色，历史积淀以及民族心理。品牌名称于简洁语言中常常富含文化色彩。例如，女鞋Daphne就源于希腊神话，相传林泽仙女Daphne长得十分美丽，她为躲避阿波罗的追求最后化为月桂树。用貌美脱俗且品质高洁的仙女的名字作为女鞋品牌，使得Daphne品牌给人一种超凡脱俗的高贵感觉，中文名也沿用了仙女名字"达芙妮"。美国化妆品品牌Revlon取自创办者Charles Revson的姓Revson和合伙人C. Laehman的首字母"L"，中译名"露华浓"在谐音音译的同时引用典故，诗仙李白描写杨贵妃的名诗《清平调三章》："云想衣裳花想容，春风拂槛露华浓。"杨贵妃是中国古代四大美女之一，其倾国倾城，雍容华贵之姿历来为人称颂，"露华浓"这个译名使其品牌平添文化底蕴与历史厚重感。汽车商标BMW由德国巴伐利亚汽车公司Bayerishe Motoren Werke的三个首字母缩略而成的，中译名由BMW谐音音译为"宝马"，同时援引著名词人辛弃疾《青玉案·元夕》中的"宝马雕车香满路"，宝马良驹向来为名将所有，"宝马"这个词使人联想到英雄与宝马交相辉映，暗含了对购买者的崇高赞誉，同时也彰显了宝马汽车如宝马般风驰电掣的良好性能。

品牌名称的翻译常常与文化因素密不可分，因此一些品牌名称的翻译也会随着文化因素的变化而有所变化。法国香水Christian Dior有一个Poison系列，这个充满冲击力的名字试图以其新奇另类的语言凸显其产品的特色——致命的诱惑力。该香水最初进入中国市场的时候中文译名为"百爱神"，而在如今这个多元文化的时代，彰显自我个性成为年轻人的口号，Poison直译为"毒药"，反而体现出原品牌名称的强烈冲击力。

（二）品牌名称体现民族文化的差异

品牌名称往往体现民族文化与民族心理、审美情趣的差异。例如，国外许多品牌名称多以产品创始人的名字命名，体现了西方文化中individualism

的影响。而中文的品牌名称则注重优美的联想意义。

1. 英文品牌多以创始人的名字命名

例如，著名时装与香水品牌CHANEL以创始人"二十世纪时装女王"Coco Chanel的名字命名，化妆品品牌Arden以创始人Elizabeth Arden的名字命名，类似的还有化妆品香水品牌Christian Dior和Estee Lauder，化妆品ANNA SUI和婚纱香水品牌VERA WANG都是华裔美国设计师的名字命名。西方文化中个性是极其重要的价值观念，个人潜能的发挥、个人的志趣爱好，常常是至高无上的。在这种强调个体取向和个人意识的文化中，以人名或姓氏作为品牌名称，显示了对产品创始人设计师的纪念之情，体现他们的个人价值。翻译这些品牌的时候，就按照原名译为人名，同时尽量选用形容女性袅娜多姿的字眼。

2. 中文品牌重联想意义

广告往往言近而旨远，中文品牌更重视联想意义，成功的广告多以其美好的联想意义，优美的意境来打动消费者的心。比如，化妆品日用品品牌的名称汉译时就要尽量选用柔美的词语，符合女性审美标准以获得女性的青睐。例如，强生中国出产CLEAN&CLEAR使用了头韵法，且都是响亮音节，读起来清脆响亮，印象深刻，CLEAN和CLEAR这两个词也点出了化妆品的特性，正好与它专治青春痘这一功能相合，中译名音译为"可伶可俐"，发音与原品牌名相似而且整齐匀称，朗朗上口，同时该产品的消费对象主要是青春少女，用了"伶""俐"这样的字眼，正描摹出少女聪明伶俐乖巧可人的形象，因而这个中译名深受消费者喜爱。

品牌翻译尤其是化妆品品牌翻译中存在着大量的美化词语现象，频繁使用描写女性美貌、高贵的词语，产生优美联想意义，如Maybel—lion（美宝莲）、Pantene（潘婷）、Estee Lauder（雅诗兰黛）、Neutrogena（露得清）、OLAY（玉兰油）、AVON（雅芳）、ITALINA（伊泰莲娜）。莲、兰这些词语在中国文化中不仅是美丽的象征更是品质高洁的象征，黛、露、伊人等更是古代诗歌中常出现的意象，这些词语的使用都给产品带来优美的联想，成功达到品牌的促销效果。不同产品对应不同的联想意义，其品牌的翻译也不同，如Dove这个品牌既作糖果巧克力又作洗涤用品的品牌名，在翻译时就根据产品种类不同而区别对待，作为巧克力的品牌时突出其入口即溶的特点，译为德芙；作为洗涤用品时突出其芳香宜人的特点，译为"多芬"，两个都是音译，却因联想意义不同而在选词时各有侧重。

基于以上分析，品牌的翻译涉及多种因素，没有明显规律可循，在翻译时应综合考虑多种因素，融合多种方法，以达到促销的语用效果。如果忽略了某一方面则会导致品牌在译入语中的语用失误现象。以中国建行银行卡龙卡为例，直译成Dragon Card，由于文化差异，东西方对龙的看法大相径庭，本来象征富贵财富尊贵的"龙"对应为Dragon会给英文读者以邪恶意义的联想，因此龙卡的英文译名绕开这个陷阱而用拼音译为Long Card。在品牌的翻译中应注意英汉两种语言的差异与两种文化对翻译的影响，可结合音译、意译、直译多种方法，综合使用谐音、双关、美化词语、引用典故等多种修辞手段，同时兼顾广告用语语言凝练的特点，以收到较好的语用效果，避免语用失误。

二、语用翻译理论在英文动画电影片名翻译中的体现

电影片名本身简短精练，寥寥数字却可以体现整部电影的精髓。对比动画电影片名的源语言和目标语文本时，会发现片名翻译中常用某些高频词，多见四字格、五字格，且译者大多数选择用意译、增译等翻译技巧，而这类型的翻译和目标语文化语境及动画电影的特定语域息息相关。

动画电影作为重要的一支电影分类，深受观众喜爱，我国每年引进多部英文动画电影，许多影片都获得口碑和票房的双丰收，有的甚至在国内产生了现象级效应。这不仅和影片本身好坏有关，更离不开片方的前期宣传。而片名就像一部电影的名片，经常出现在影片的宣传海报上，帮助观众形成对一部电影的最初印象，在前期宣传中扮演了重要角色。在进入目标语市场时，译者面对的是影片内容本身——情景语境与接收方文化——文化语境——"语义存在于语境"，因此译者在翻译英文动画电影片名时，会考虑到其通俗易

懂、老少皆宜的特点，并多采用贴近目标语文化的翻译策略。

这里选取了半个多世纪以来26部国内引进的热门英文动画影片，通过对比中英文片名，可以发现大部分片名并未紧跟源文本，更为重要的是，许多中文片名在格式、选词甚至字数上有相似之处。

（一）片名与语用翻译的关系

1. 语境的三维层面

韩礼德将情景因素归纳为三个部分"语场"（field）、"语旨"（tenor）和"语式"（mode）。语场是指发生了什么，指语言发生的环境或围绕的话题，语旨是指谁参与、参与者之间的关系及其身份。语式是指语言交流的形式，如口头还是书面。电影片名所涵盖的语域与影片语境相关联。尽管多数英文片名简洁短促，多选取人名、地名等，长度常见1~3个单词，片名却是一部影片的题眼，语义背后的含义往往象征了影片主题，片名与整部影片的语域密不可分。另外，引进一部国外影片时，译制方也会考虑目标语的文化语境。动画电影的受众作为信息接收方参与其中，也是整个语域的组成部分。语式上，由于大部分动画电影属于流行文化范畴，片名对语言的正式性和书面性的要求并不高，有时甚至为拉近与接收方的距离，采用更口语的表达方式。因此，片名翻译不仅会突出影片的主旨，还会尽量采用贴近目标语文化、便于接收方理解接受的翻译策略。

2. 最佳关联性

关联性理论认为，任何话语都是有关联的，理解话语的过程就是寻找关联的过程。所以，译者可以不拘泥于源文本本身的语境，而是借助更大的语境寻找话语的关联，让接收方不付出过多认知努力就能获取最佳的语境效果。成功的译文是源文本作者的意图和目标语接收方的期待在认知环境相关方面与原文取得最佳关联，帮助译文读者更好地理解源文本的意图。电影作为一种文化交际活动，片名翻译也承担了传递信息的使命。在这一过程中，译者既要充分利用认知语境中的各种信息知识，彻底理解影片含义，找出其中包含的最佳关联，更要考虑到影片受众的认知能力和接受能力，达到最佳关联性，求得最佳语境效果。

（二）动画电影片名中的高频词现象

1. 常见高频词

不同于其他类型电影，动画电影片名在选词上不忌讳重复，一些词语经常出现，如"总动员""**队""环游记""奇缘"等。以出现次数较多的"总动员"和"**队"为例，含有"总动员"词缀的片名就有《海底总动员》(Finding Nemo)、《超人总动员》(The Incredible)、《玩具总动员》(Toy Story)、《赛车总动员》(Cars)等，而以"队"为后缀的片名有《头脑特工队》(Inside Out)、《超能陆战队》(Big Hero 6)等。尽管片名类似，这些电影却都各自独立。

一是高频词背后的商业成因。片名套用"影片关键词"+"总动员"或"**队"公式的动画电影如雨后春笋，并在中国取得不俗的成绩。译者套用这个公式意在借助之前"总动员""**队"电影的热度，取得与之前热门电影的关联度，达到吸引更多目标语受众的目的。

二是从语域角度分析片名中的高频词。片名翻译中特定词语反复出现的现象不仅是商业因素造成的，语场作为语域的重要组成部分，对应语言的概念意义。后缀相同或类似的中文片名，其影片的剧情或主题也有类似之处。试比较几部"总动员"电影，首先，影片内容均可概括为以主角为代表的、身份背景或属性接近的同一类型人物，齐心协力完成某一特殊使命。以"语场"分析这类电影，主题概念本身就有共通之处。查询"总动员"在《现代汉语词典》中的释义，可指"为完成某项重要事务而动员全部力量"，与这类型电影的主题十分契合。其次，"总动员""陆战队""特工队"易让人联想到新奇热闹、激动人心的场景，尤为受青少年、儿童青睐。动画片名的信息接收方很大比例是儿童。从语旨与语式来看，选择此类词更贴近接收方，方便向他们传递交际意义。最后，"关键词"+特定词缀的片名翻译方式，接收方能快速理解电影的语篇意义，即影片的"主题"，进而产生兴趣。再以《飞屋环游记》(Up)和《寻梦环游记》(Coco)为例，两部影片都采用了"环游记"来结尾。众所周知，"记"是中国古文的一种体裁，可叙事、议论、抒情，如柳宗元的《永州八记》、范仲淹的《岳阳楼记》、欧阳修的《醉翁亭记》，明清小说名中也多出现，如《西游记》《石头记》等。在中国文化语境下，"记"象征着一段或离奇或曲折的故事。上述两部影片中，译者跳出了原英文片名语义的束缚，从更大的语境阐释影片，选用中国特色的词语表达，使片名增添了几分诗意。影片语境下译者对翻译技巧的选择直译在片名翻译中运用较少在26部动画电影中，只有3部影片片名是从英文片名直译而来——《狮子王》(*The Lion King*)、《功夫熊猫》(*Kung Fu Panda*)与《僵尸新娘》(*Corpse Bride*)。组成这一类片名的单词大多与影片主题或主人公有直接关联性，译者通过直译便可取得与影片的关联，并使目标语接收方取得和源语言接收方一样的效果。但大部分译者在处理动画片名翻译时，并不刻意追求与原片名语义的完全对等，而是会运用意译、增译、阐释等翻译技巧，进行译文的再创造。

2. 意译片名与影片语境的关联性

《头脑特工队》的英文片——Inside Out，字面理解是由内而外。但如果受众了解Inside还有within mind的意思，可能会联想到这部影片与人类内心活动有关。而电影的主角恰是五种拟人化的常见情绪，讲述了居住在人类脑海中的五种情绪如何陪伴、帮助自己的宿主成长的故事。翻译成"由内而外"甚至"脑中内外"都不能和影片本身形成较好的关联。因为Out在英语中不仅表示方向，还有"外出行动"的意味。而剧情中五种情绪人物原本只在大脑中枢的控制室内活动，但片中他们走出控制室开始了一系列冒险故事。影片的关键词和团队协作、冒险任务相关。原片名Inside Out正暗含脑内情绪向外释放的意思，既矛盾又双关，非常巧妙。片名不仅向受众传递了影片的关键信息，Inside和Out语义上的反差还为影片营造了极佳的戏剧效果。但以上成功交际都是基于创作者预设接收方能够理解源文本的暗含，如果将片名直译成中文，却不能完全传递原片名带给受众的信息和效果。在失去预设的情况下，为了更大程度完成影片的交际意义，译者选择将片名的暗含显化，翻译成"头脑特工队"，尽管没有译出源文本的修辞效果，却更契合于整部影片的语境，也较好地完成了和目标语受众的交际任务。

类似片名还有《海底总动员》(*Finding Nemo*)、《疯狂原始人》(*The*

133

Croods)、《寻梦环游记》(Coco)、《飞屋环游记》(Up),如将中文片名和原片名比较,可能会认为相去甚远或全然不相关。但如果将视角上升至影片语境层面,片名和电影的关联性便大大提高。片名翻译中另一个常用技巧是增译。不少片名翻译会在原片名语义基础上进行增译,如《小鹿斑比》(Bambi)、《机器人瓦力》(WALL-E)、《里约大冒险》(Rio),这一类片名翻译通常是在原文的基础上,增加影片的关键词,类似于汉语的修饰语,或将片名作为修饰语,后接主题。

以《机器人瓦力》为例,原片名WALL-E全称Waste Allocation Load Lifters-Earth,WALL-E既是主角机器人的名字,又是型号缩写。原片名中的大写字母和连字符容易让人联想到片名应该是某种型号的缩写,如果再配合海报提供的语境,信息接收方会将海报上的机器人与片名联系,进而推理出这是机器人型号。例如,直译原片名为《瓦力》,不容易让受众把"瓦力"和机器人联系起来。所以,为了帮助目标语受众最终接收到与源语言受众一样的信息,译者采取增译来完善信息,实现受众快速接收到影片主人公的名字与身份。这类信息的补充,有助于接收方理解影片内容。

(三)从电影语境与文化语境看片名字格数

动画电影中,四字格、五字格的中文片名占据大多数。26部影片中,四字格片名有8部,约占三分之一,五字格多达15部,是总数的60%。汉语讲究韵律美,而片名也经常出现在大众日常对话中,更需译文朗朗上口、铿锵有力。汉语四字格、五字格可追溯至《诗经》,骈文也多采用四字句,以求声与形的美感。四字格构型短小,具有高度的概括力,至今仍具有极强的生命力。举几个四字格动画电影片名为例,《驯龙高手》(How to Train Your Dragon)、《魔发奇缘》(Tangled)、《功夫熊猫》(Kung Fu Panda),除《功夫熊猫》(Kung Fu Panda)外,另两个片名译者都采取意译,尽管源语言文本中How to Train Your Dragon是5个单词,Tangled只有1个单词,译者却都选择了四字格片名。另一个有意思的现象是,片名的英语词数也有趋向性。在26部动画电影中,片名单词数为1的有11个(42%),2个单词的片名有9个(35%)。从侧面反映了即使在源语言文化内,简短的电影片名也更受欢迎。

在电影的特殊语境中，片名需充分践行"浓缩即是精华"。四字格、五字格片名不但简洁，也极具汉语意象美。

因此，尽管四字格、五字格片名在句法和语义层面上和源语言文本可能并不完全对等，不过在中国文化语境下，四字格的电影片名更加凝练，方便观众接受认知与互相交流，这也和追求简洁的英文片名有较大关联。

在动画电影片名的翻译中，译者的视角往往从影片的语境出发，趋向于尽量通过片名与影片、目标语文化语境的关联性，缩小目标语接收方和影片的距离。因此，尽管动画电影片名中源语言和目标语语义上不关联或较少关联，语篇层面上二者却实现了关联性。这为其他电影类型的片名翻译提供了一定参考作用。

第六章 翻译学的文体视域研究

翻译学的研究内容包罗万象，但凡涉及翻译工具使用的方面，都属于翻译学的研究领域。文体学涉及商务文体、广告文体、新闻文体等，对这方面内容展开翻译研究具有重要的现实意义。本章针对翻译学的文体视域展开深入探索。

第一节　文体与翻译

一、文体学

（一）什么是文体学

至今，文体学已经有百年的历史了。从20世纪60年代到80年代初期，学术界对文体学的定义、内涵、研究范围的说法众多。许多学者从不同研究领域、文体学流派出发对文体学下了定义。虽然文体学的研究存在各种流派，但是他们从不同的视角对语言使用规律进行了解释，且国内很多学者都认可一个观点：文体学是对语言使用规律进行研究。

（二）文体学的研究对象与范围

国内外很多学者对文体学进行了研究，且流派众多，但是就研究对象而言，主要包含两种：广义与狭义。

从广义层面来说，文体学主要是对各类文体的语音、句法、词汇、篇章特征进行的研究，这些文体包含记叙文、说明文、描写文、议论文等。

从狭义层面来说，文体学主要是对文学文体的语言特点与语言风格进行的研究，如诗歌、小说、散文等。

除此之外，文体学还对语言的各种变体进行研究。例如，由于交际媒介不同，可以划分为口语与书面语；由于交际双方关系不同，可以划分为正式用语与非正式用语；由于社会关系与社会活动不同，可以划分为演讲文体、新闻文体、广告文体、科技文体等。本书对翻译研究就是从这些文体视角来分析和研究的。

二、文体学对翻译的指导

文体学对翻译实践具有重要的指导意义。学习并了解文体知识有利于译者在翻译工作中关注文体色彩，做到"文随其体、语随其人"，以增强译者处理不同文本类型和语言风格作品的能力。

在翻译时，应确保译文语体风格与原文语体风格相一致。如果原文使用的是书面语体，译文一般也会使用书面语体。原文如果使用的是口语体，译文也常用口语体。

译者要想切实做好翻译工作，需要关注原文遣词造句的"语域"，除了确保译文在意义层面的"合意"之外，还应注重其在语用层面的"合宜"。译者既要熟悉原文文体风格的特点，还要准确地把握译文的文体风格，从而应对多样化的语码转换需要。此外，译者还应不断地丰富并完善自身的知识结构、语言文化素养，提升文体能力和意识，在处理不同风格和不同文本类型的文体时，做到得心应手。

语域的研究不仅适用于口语翻译，还适用于书面语翻译。以文学语言翻译为例，在翻译文学类的作品时，不仅会遇到各种类型文体并存的现象，还会遇到原作者借助各种不同类型文体以实现多种艺术表达效果的情况，这些都对译者提出了更高的要求。在翻译实践中，译者要注意语言和社会场合间的关系。

此外，译者还需要掌握宽泛、多样的文体类型，在翻译中能根据不同文体选择恰当的翻译手段，确保译文不仅能忠实原作文体所需，还能紧贴原作文体的特点，符合文体要求。

第二节　翻译文体学理论阐释

一、翻译文体学的定义

20世纪60年代至70年代中期，形式主义文体学盛行。

自此至21世纪初，文体学与语言学的联系越来越紧密。Simpson在对文体学做出重新的定义时，将传统上文体学研究中常用的"语言学"一词改为"语言"，且用斜体形式来区别，认为文体学是"一种把语言摆到首要位置的文本阐释方法"，这时才显示了文体学与语言学开始脱离开来的迹象。

目前，关于文体学的定义，最为常见的是利奇的界定："文体X是Y内所有跟文本或语篇样本相关，被一定语境参数组合所定义的语言特征的总和。"该界定指向作为语篇特点的文体，这与作为个人属性的文体存在很大的差异。同时，译者文体并不是译文所体现的客观、静态的语言特征，亦非作者文体。从广义上来讲，该定义可用于译作分析，但不适用于对译者文体进行考察。

由此，翻译文体学开始脱离文体学。Chan将翻译文体称为"译者基于美学或主题而做出的选择，（翻译文体学）隶属于文学批评范畴"。

Popovic是思考翻译文体学的先行者。他把翻译中的文体对等界定为"原文与译文中某些成分的功能对等，以产生具有意义等同这个不变量的一种表达上的等同"。在翻译文体学研究中，在一些特定的情况下，文体对等是等同于翻译对等的。

Popovic将文体对等称为"充分性""表达对应"和"忠实原文"。从这一意义上来看，文体对等涉及保留源文本（成分）的表达特征，同时努力保留其基本语义内容。但尽管直接语义对应难以建立，译者还是应该选择与源文本特定成分在文体层面是对等的目标语项。

二、翻译文体学的学科定位

文体学通常被认为是语言学的范畴，但它其实是语言学与文学研究结合而形成的一门交叉学科。翻译文体学则是一门程度更高的交叉学科。

根据文体学家在研究中所采用的语言学模式划分，可以将文体学可分为以下类型。

（1）形式主义文体学。

（2）功能主义文体学。

（3）话语文体学。

（4）语用文体学。

（5）认知文体学。

从翻译学的学科特点和专业复杂性来看，可以将翻译文体学视为翻译学研究的一个分支，使用文体学方法来考察翻译方面的理论问题，同时不必将其归为纯粹文体学研究内。

第三节 翻译文体学理论的应用策略

一、商务英语文体翻译

（一）商务英语的表达原则

商务英语表达是一个包含广泛的概念，它指的是在商务环境下，为了实现某个商务目的而使用英语这一国际语言所做出的书面沟通方式，包括商务信件、商务电子邮件、商务便条、商务备忘录、商务报告、商务会议记录、商务建议书等。

现代商务交际环境中,商务英语表达一般都需要遵循六大原则,即准确(Correctness)、清楚(Clarity)、简明(Conciseness)、具体(Concreteness)、完整(Completeness)和礼貌(Courtesy)。

1. 准确原则

准确原则指的是作者需要使用读者能理解的英语,运用精确的措辞和规范的语法结构、正确的拼写和标点符号,以准确地传达信息,最终使得读者能正确理解其信息。具体包括如下几点。

第一,要根据写作交际场合来选择恰当的语言风格。对正式的商务场合,必须使用正式的措辞和句子;而对非正式的便函、便条或书信时,则可使用较通俗的、偏口语化的措辞和句子。

第二,使用简洁且准确的措辞。商务英语在表达时需要使用简洁且准确的商务术语,以保证措辞的适宜性和信息表达的正确性。

第三,运用正确的语法和标点符号。标点符号错误主要涉及逗号、冒号、省略号等。常见的语法错误一般涉及以下几个方面:代词与先行词不一致、主谓不一致、句子缺少成分或成分多余、冗余句或悬垂结构、状语的位置错误。

第四,正确的拼写。因为拼写是否正确可能会影响你所写的邮件、便条、报告等是否能被读者理解,所以在发送之前必须仔细检查其中可能存在的拼写错误。

2. 清楚原则

商务英语旨在清楚地表达作者所要表达的观点、信息和意思,因此表达时要合理安排信息和观点,运用正确的句型句法,意思清晰,突出重点,层次分明。

3. 简洁原则

现代商务英语表达中越来越注重简洁性,即在保证内容完整无损与清楚明白的前提下用尽可能简短扼要的词句来阐明主题。

4. 具体原则

在现代商务英语表达中，要尽量使用具体的、明确的语言，直截了当地传递信息、表明观点、说明情况，切忌笼统模糊、拐弯抹角，尤其要避免抽象的词汇、模糊笼统的表达。

5. 完整原则

商务英语表达的完整原则一方面指要完整地实现交际目的。另一方面指的是内容必须完整周密，通常需要包括6W，即Who，What，When，Where，Why以及How，具体需要考虑如下方面。

Who：预期的读者是谁？写作内容、措辞和表达方式是否适合预期读者？

What：你的写作目的是什么？想要传达什么信息？读者读完后知道该怎么做吗？

When：读者知道该什么时候回应吗？读者知道你期待他去做某件事情的具体时间吗？

Where：读者知道你期待他去做某件事情的具体地点吗？你确定你提供了详细的联系方式吗（以便对方回复）？

Why：读者为何要按照你的期待去做事？

How：读者知道具体应该如何做吗？具体方法或步骤是什么？

6. 礼貌原则

礼貌原则并不是指尽可能多地采用客套的句式，而是指一种贯彻于全文的"以读者为中心"的态度，即尊重、理解和体谅对方的态度。

（二）商务文本的语言特征

1. 选择表达单一的词汇

与普通英语不同的是，商务英语一般选用词义相对单一的词来替代词义灵活丰富的词，以便使文体更准确、严谨、庄重。例如：

用inform（告知）替代tell（告诉）

用effect（使发生，使引起）替代make（使……）

用terminate（结束，终止）替代end（结束）

用grant（准予，允许）替代give（给予）

用acquaint（使熟悉，使了解）替代be familiar with（熟悉……）

用constitute（构成，组成）替代include（包括，包含）

用by return（立即回复）替代soon（不久）

用tariff（关税）替代tax（税收）

商务英语与普通英语在语言表达上还有一个重要不同之处在于其表达具体、准确，不含糊其词，不笼统抽象，尤其体现在一些商务合同、协议等文本中。试比较如下。

普通英语	国际商务英语	译文
before March 20	on or before March 20	3月20日前
in a month	in one month or less	一个月以内
in late July	within the last 10 days of July	七月下旬

显然，通过对比可以看出，第二组的商务英语表达更加具体、清晰和确切。

2. 使用正式的词汇

由于一些商务文书具有规范、约束等性质，因此在选择词汇时应首先考虑正式的词汇。例如：

用previous to（在……之前）代替before（在……之前）

用solicit（征求）代替seek（寻求）

用certify（证明）代替prove（证明）

用expiry（到期）代替end（结束）

3. 倾向平实、准确的表达方式

商务英语表达思想时，更倾向于使用明白晓畅、逻辑关系明确的方式进行交际，人们常常使用如下句子。

in order to 为了……

as a result 因此

for this reason 为此

primary industry 第一产业

cash with order 订货付款

（三）商务信函的翻译

商务英语信函是一种正式的书面文件，是国际贸易活动中最重要的交流方式。符合英汉思维方式及文化传统、语言得体的信函会促进交易的完成。反之，则会导致误解，造成交易困难。商务英语信函非常正规、严肃、严谨，专业性很强，具有很强的针对性和目的性，所以在商务英语信函翻译时，既要符合基本的句法和结构、词汇特点，又要表达出具体的特定内容。

1. 商务信函的界定

商务信函（又称作"商务书信"）就是商务环境下的个人、部门或公司，为了传递信息、建立业务关系、推销产品、维持感情等目的，写给其他公司、客户、顾客或合作伙伴的信件。其具体形式可包括传统的纸质信件、备忘录、电子邮件等。

但目前，由于互联网的普及，绝大多数情况下商务人士使用电子邮件，或通过电子邮件发送备忘录，而很少通过纸质信件与其他人沟通。因此，这里不介绍传统纸质信件的写作，只介绍备忘录和电子邮件的写作。

商务英语信函包括：建立贸易关系，询价及回复，报价、推销信、报盘及还盘，接受和回绝订单，售货确认书及购货合同，支付，包装，装运与保险，申诉索赔和理赔等。

2. 商务英语信函的语言特点

（1）词汇层面

商务英语信函要求表述专业规范、条理清楚、思维缜密、逻辑清晰，词汇的选择必须遵守"7C"原则。

①词汇选择标准。

第一，选择礼貌性的词汇。礼貌原则是在撰写商务英语信函时，必须遵守的一个重要原则。尤其是由于对方的失误而引起一系列问题或困难时，也要尽可能选择礼貌性的语言。这样更有利于问题的解决，不至于激化矛盾，从而导致交易失败。例如：

You ignored our request that you return the report by registered mail.

你忽略了我们的请求，通过挂号信寄回报告。

We did request that you return the report by registered mail.

我们确实要求用挂号信寄回报告。

第二句中的表达方式更容易让人接受。第一句中的用词ignored明显有指责对方的意思。而第二句"我们确实要求用挂号寄回报告"，既说明了自己没有过错，又委婉地指出了对方的问题。

第二，商务英语多用替代词和缩略词。大多数商务英语的专业术语都有自己的缩略形式。例如：

FIO=free in and out（自由进出）

fin.yr.=financial year（财政年度）

F. A =freight agent（货运代理行）

HSCPI=Hang Seng Consumer Price Index（恒生消费价格指数）

做英汉翻译时，多采用缩略形式。另外，在英语中为防止同一名词反复出现，多用代词指代前文所提到的名词。例如：

我们想订购50套柳树图案的茶具。如果柳树图案的缺货，请勿发替代货物。

We are placing with you an order for 50 sets of tea sets with willow patterns. Please do not send substitutes if they are not available from stock.

英译中的they当然就是指的willow patterns。汉语原句中重复了柳树图案一词，但在英语里必须用代词they来替代。如果像汉语那样重复原词，就不符合地道的英语表达习惯。

②规避词汇原则。崇尚个人主义的西方人对性别、年龄、身高、体重、相貌、种族等方面有关的问题都非常敏感，不允许用工单位有招工歧视的行为，任何限制性的招工启事都是不合法的。个人简历也是不要求附照片的，甚至可以说，附照片的简历会被认为是非常奇怪的，用人公司绝不会从一个人的外貌判定这个人是否符合公司的职位需求。这一点也体现在语言的使用

上，所以在做商务英语翻译时应该尽量规避能够产生歧视和歧义的词汇。

第一，避免使用性别歧视的词汇。历史上，对妇女的歧视在语言上也有所体现。然而随着社会的发展和人们意识水平的提高，这种状况逐渐地得到了改善，语言也在随之变化。在现代英语中既有policeman，又有policewoman，chairman和chairwoman等。最为典型的则是反义疑问句的使用，当主语泛指人时，其问句部分可以用are they或aren't they。另外，英语单词he既可以指男性也可以指女性。例如，"He who laughs last laughs best."（谁笑到最后谁笑得最好）。现在越来越多的人对此提出抗议，认为he的使用对女士构成了性别歧视。在翻译中我们应该避免使用这一类有性别歧视的词汇。

第二，避免种族歧视的词汇。把某个特征加在某个种族人群上很不公平，因为即使是同一种族，人与人之间的差别也是巨大的。种族没有贵贱之分，所有的种族都是平等的，奥巴马成功地当选美国总统就是很好的例证。"黑人总统奥巴马"这一表达方式就表明了对黑人的种族歧视，暗示了黑人是一个劣等民族，能出一位总统是一件非同寻常的事。这也就是我们从未听过"白人总统克林顿"这种说法的原因，在我们心目中，美国的总统理所当然地就应该是白人。例如：

The new line is very popular in the low-income areas of the city, according to our survey of 200 African-American families.

根据我们对200个非洲裔美国家庭的调查，这款产品在城市的低收入地区很受欢迎。

这句话相当于把African-American families与low-income areas of the city二者等同起来，无疑会使人们联想到美国黑人都很穷，有种族歧视的迹象。

第三，避免使用年龄歧视的词汇。年龄歧视可能是有意为之，但发生在我们身边的年龄歧视大多是偶发的。几年前，Facebook总裁马克·扎克伯格（Mark Zuckerberg）在斯坦福大学举行的一次活动上，对观众说：我想强调年轻和技术的重要性，年轻人更聪明。这句话引起了轩然大波，硅谷年龄歧视的话题成为各大媒体讨论的焦点，当时的各种批评声甚嚣尘上。为了避免产生这样的问题，在商务英语翻译中，我们应该尽量避免使用young，old等这一类界限不清、概念模糊、容易产生年龄歧视的词汇。例如：

Old citizens are entitled to free bus rides in the city.

Citizens above 65 years old are entitled to free bus rides in the city.

两个句中的old含义可不一样。第一句中的old citizens指老人，有年龄歧视之嫌。第二句中的old只是指具体的年龄。在英美文化背景下，谁都愿意年轻或看上去年轻，七八十岁了还有很多人在工作，五六十岁还被认为是年轻人。所以，在这种情况下，使用具体的年龄比泛指老年人恰当。

（2）句子层面

在商务英语信函翻译中，句子层面所遵循最主要的原则就是语法原则。语法是对现成语言中规则的归纳和总结，语法原则包括句型和句法。另外，撰写商务英语信函的语调也非常重要，礼貌、自信、对对方的尊重都要体现在商务英语信函的字里行间。

①语法原则。

第一，句型。在商务英语翻译中应该多选用简单句。可读性研究表明，单词多、成分复杂的句子容易造成误解。这里所指的简单句指的是由16~18个单词组成的英语句。注意多用简单句并不是说全文所有的句子都写成简单句，实际上应适当出现一些长句，尤其是结构清晰的并列句（其各小句处于同等重要的地位）和复合句（主句信息要重于从句的信息）。复合句中重要信息放在主句里，次要信息放在从句里。例如：

My business has grown substantially during the last 3 months, and I have recently added as customers China National Petroleum Corp.

过去的三个月公司业务迅猛增长，最近成功把中石油发展成我们的客户。

该英语句是由and连接两个同等重要的句子构成。英语是刚性、显性、形合语言，有严格的语法结构，不可随意改动，and就是上述特点的标志性词语，如果去掉，这句话就变成了病句，可见and的作用是绝对不可以忽视的。

第二，语态。正确使用英语的主、被动语态。英语中，主语的重要性体现在以下两个方面：一是英语句子必须有主语（祈使句中隐含的主语是you）；二是英语句子的主语是该句的焦点、核心，统领全句。商务英语交际和日常口语交际一样，人们多倾向使用主动语态，因为主动语态的句子生动,而且能够强调句子要表达的内容。但是在商务英语信函表达负面信息的时候,要更多使用被动态,用物作主语,更婉转礼貌。例如:

The price list was not enclosed in your letter.

附件中没有价格表。

表达负面信息时,如果用主动语态,用人作主语,直接指出对方的疏忽,有指责对方的嫌疑,不是很礼貌。礼貌是在撰写商务英语信函时必须遵守的一个重要原则。而用被动语态,间接指出对方的疏忽,更容易让对方接受。

第三,句子简洁。商务英语信函最主要的目的就是通过有效交流,达成一致,完成交易。商务往来涉及很多工作,全世界都在讲高效。一封满是拖沓、冗长句子的信函,会让人感到头疼、无从下手。所以,在写商务英语信函时,应遵循压缩句子、删繁就简的原则。显然,用尽量少的单词及句法结构把自己的意思表达清楚是商务交际的基本要求。例如:

请在支票的后面背书。

原译:Please endorse on the back of this check.

改译:Please endorse the check.

endorse本身就是在背面签署的意思,不必要写on the back of the check。

②语调。对交易者来说,他们总是期待开展新的业务,获取新的利润。一封语言得体中肯的商务英语信函有助于交易者实现他们的预期。因此,语调原则也是在撰写商务英语信函时一个必须遵守的规则。语调是指交易双方对向对方所要传达的信息的态度。总体上来说,商务信函要显得自信、礼貌、坦诚、尊重对方,要用肯定的语气而不要用否定的语气,同时要把重要信息放在凸显的位置,把次要的信息放在从属的位置,并适当的强调"您"(you)。

第一,自信。自信是社交活动能否取得成功的重要因素之一。只有对自己充满信心,做事才能如鱼得水,得心应手。在对外贸易中,自信尤为重要,是成功的坚强后盾。但在交际中切记不能过于自信,过于自信就是自负,会使人产生反感,导致交际失败。缺乏自信,对方就会对你所传达的信息的准确性、肯定性有所怀疑,影响交易的完成。过于自信,对方会觉得你的态度很傲慢,也不利于交易的进行。只有不卑不亢,才能赢得对方的尊重，顺利地进行谈判和达成交易。例如：

I hope that you will find that our products can meet your needs.

我希望你会发现我们的产品能满足你方需求。

改写后：

Our products can meet your needs.

我们的产品可以满足你方需求。

例句中的 I hope，you will find 都传达了交际者不自信的信息。产品满足对方的需求，这是事实，对方发现不发现都是客观存在的。所以，交易者在介绍产品的价格、产品质量、产品前景等相关信息时，一定要充满自信。

第二，礼貌原则。在对外贸易中，意见有分歧、观点不一致在所难免。如何解决矛盾和分歧而又不给双方带来负面影响呢？礼貌原则就显得尤为重要了。礼貌诚恳的语调会传达出良好的意愿，有助于实现交际、化解分歧进而达成交易目的。即使没有分歧，礼貌的语言与句式也会促使对方考虑你方所提出的条件，促成交易。例如：

You sent your complaint to the wrong department. We don't handle shipping problems.

改写：We have forwarded your letter to the shipping department.

我们已经把你的信转交给了货运部。

例句中，"We don't handle shipping problems."这句话语气生硬，而且态度是严词拒绝得不友好态度，客户看到这种情况会非常气愤；改译句不仅没有拒绝，而且提供了很好的解决办法，会赢得客户的赞赏与认可。

第三，You-attitude强调"你/您"。采取"以你为中心"而不是"以我为中心"的态度。这是说应该站在对方的立场，考虑对方的观点，理解对方的问题，强调对方的利益并采取积极的态度进行书面沟通。"你态度"（you-attitude）可以传达出自己的友善，争取到对方的好感，因为这样做表明你把自己放在了较低的位置，而把对方、对方的利益放在了重要的位置。例如：

We can allow a 20% trade discount if payment can be made within three weeks after receipt of the goods.

如果收到货物后三周内付款，我们给予20%的贸易折扣。

改写后：

You can take advantage of the 20% trade discount we offer to buyers who make payments within three weeks after receipt of the goods.

在收到货物后三周内付款，你方可以得到我方提供的20%的交易折扣。

改写句中，以对方为主语，把对方的利益放在了重要位置，说明卖方非常体贴，考虑问题周到，以买家利益为重，表达出自己的友善，能够争取到对方的好感。

第四，肯定的语气。在撰写商务英语信函时，应该尽量从对方的要求、愿望和情感出发，少用否定的、抱怨的、消极的语气，多用肯定的、阳光的、积极的语气。否定的语气会给人以居高临下的感觉，容易使交易双方产生对立情绪。常见的否定词有wrong，not，regret，inadequate等。例如：

We regret to inform you that we cannot permit you to use our auditorium for your meeting, as the Ladies Investment Club asked for it first. We can, however, let you use our conference room, but it seats only 60.

改写：Because the Ladies Investment Club has reserved the auditorium for the weekend, we can instead offer you our conference room, which seats 60.

因为女士投资俱乐部已经预订周末使用礼堂，我们可以提供给您60个座位的会议室。

例句中出现得比较负面的、否定的词汇（已划线）都会给人不好的感觉，看完之后难免会动肝火，以后继续合作也难免会蒙上阴影。相反，改写句没有用负面的、拒绝的词汇，反而给出了offer，让人顿觉神清气爽，即便60个人的场子远远不够，起码心情上还不至于很糟。

第五，体贴。"To be good, it ought to have a tendency to benefit the reader." —Benjamin Franklin。这句话意在告诉人们：好的文章应该是有益于读者的，这样才能吸引读者的注意力。一封好的商务信函一定要考虑对方的利益，所以信函撰写者在建构句子时，也要充分考虑对方的利益，适当调整自己的词句，以顺应对方的心理。例如：

Your feet won't get wet if you wear these boots.

穿上这雨靴不湿脚。

例句只是客观地介绍了自己的产品，没有任何感情色彩，而改译句则从买者的角度出发，充分考虑对方的需求，非常体贴，让人感觉很温暖，交易容易达成。

3. 商务英语信函翻译的策略

（1）询盘信函的翻译策略

①简洁。简洁（concise）是询盘信函句子翻译所遵守的原则之一。无论是从句子层面，还是从词汇层面，都不能啰嗦，要简单明了、弃繁就简。复杂的句子结构以及晦涩难懂的词汇足以让对方失去兴趣。

句子层面可以从以下三个方面做到简洁：用简单句代替从句，用非谓语动词、名词短语、介词短语、副词短语等代替复合句；不影响句意的部分可以略去；放弃冗余信息与结构以及对方已知的信息。

第一，复合句改成简单句。例如：

如果我方订购30艘游艇，你们的行业折扣是多少？

原译：If we place an order for 30 yachts, what trade discount are we granted?

改译：Please let us know your trade discount for 30 yachts.

原译句使用了if连接词的复合句，改译句中使用了简单句，简明扼要。

第二，用短语代替从句。例如：

你们通常收到订单后要多久才能交货？

原译：How long does it usually take you to make delivery after you receive orders?

改译：How long does it usually take you to make delivery after your receipt of orders?

原译句中包含动词receive的时间从句改成了相应名词receipt的短语。用名词短语代替从句，避免了主语的重复。事实上，当主句与从句主语一致时，就可以用非谓语动词或短语来代替，使句子更加简洁。另外，英语与汉语在各自长期的发展过程中形成了各自的语言特征：英语的静态特征和汉语的动态特征。汉语多用动词，一个句子出现好几个动词实属常见现象，而英语句往往只有一个主要动词充当句子的谓语，其他的都要变成名词、介词等非谓语动词。也就是说，英语中的动作意义常借助动词以外的词类表达。

第三，去除可有可无的句子结构。例如：

我们目前很想进口你们的产品。请您给我们发来您的产品目录，并且如果可能再寄两本样书。

原译：We are, at present, very much interested in importing your goods, and would appreciate your sending us your catalogue and, if possible, two sample books that are representative.

改译：We are very much interested in your goods, and would appreciate your sending us your catalogue and two sample books.

原译句啰唆，at present, importing, if possible, that are representative多余，去掉后原意不变。if possible看似很客气，但显得不急切；而representative的含义在sample一词中已经表达出来了，所以应该去掉。

第四，去除多余信息。例如：

我方想知道你们最早什么时候可以交货，而且，如果有折扣，你们在什么条件下给折扣？

原译：We would like to know your earliest date of delivery and on what term you can give us a discount, if you are prepared to grant a discount.

改译：Please let us know your earliest date of delivery and it'll be appreciated if you can give us a discount.

改译句中去掉了on what term you can give us a discount, if you are prepared to grant a discount的翻译，因为这些是冗余信息，完全可以省略。注意这里又一次使用了常用句式：it'll be appreciated if...

第五，去除对方已知信息。例如：

除了25%的行业折扣，你们是否还提供数量折扣以及现金折扣？

原译：I would appreciate it if you could tell me whether any cash and quantity discounts are allowed, apart from the 25% trade discount.

改译：I would appreciate it if you could give us some cash and quantity discounts.

改译句没有提双方都已经确认了的25%的行业折扣，直接说现金折扣和数量折扣这两项重要信息。注意常用句式I would appreciate it if...的使用。

另外，询盘信函需要短而精，不需要华丽的词语，能准确地表意即可。所以，在词汇层面要考虑两个方面：第一，去掉一些无关紧要的修饰语；第二，用词代替短语、用短语代替从句。

第六，去除修饰语。例如：

请告知你们有关商品的最低价。

原译：Please let us know your lowest possible prices for the relevant goods.

改译：Please let us know your lowest prices for the goods.

原译句中的possible和the relevant可以省略且保持原句意思不变。

153

第七，去除不影响句意的短语。例如：

烦请惠寄产品资料和样品，以供我方参考，并请报你方最低抵岸价格。

原译：It will be highly appreciated if you could send us some brochures and samples for our reference and quote your lowest prices on CIF basis.

改译：It will be highly appreciated if you could send us some brochures and samples and quote your lowest CIF prices.

改译句中删除了for our reference, on...basis，这样使句子保持原意且更简洁明晰。

②选词。询盘信函中词语选择（choice of word）也很重要。询盘信函是一种正式文件，所以应该选择专业的，词汇意义表述准确、正式、礼貌、不卑不亢的词语。

第一，避免用词错误。例如：

请告知你们有关商品的最低价。

原译：Please let us know your cheapest prices for the goods.

改译：Please let us know your lowest prices for the goods.

请注意在改译句中最便宜的价格用的不是cheapest，而是lowest。低价还可能使用reasonable和competitive，但cheap绝不可以。事实上，cheap这个词在英语中的含义并不好，如果一个女孩品行不是太好，就可以称她为cheap girl，而东西的质量不怎么好一般也说cheap stuff。例如，"We don't sell cheap wine, but we sell wines cheaply."在这句话里cheap wine指的是质量不怎么样的低档酒，而用cheaply来表达价格低则完全可以。

第二，表意清晰的词语。例如：

我们对贵公司10月3日信函中介绍的竹席很感兴趣，贵公司是否可以给我们函寄一件样品以及相关的运输资料和价格？我们长期零售竹子制品，对于竹席尤其感兴趣。

原译：Would you please send me a sample of the bamboo mat you advertised in your October 3 letter, as well as price and shipping information? We are a long time retailer of bamboo ware, and I am especially interested in any items you might have in the range of bamboo mats.

改译：Would you please send me a sample of the bamboo mat you advertised in your October 3 letter, along with price and shipping information? As a long time retailer of bamboo ware, I am especially interested in any items you might have in the range of bamboo mats.

原译句的as well as 改为along with，表达出"捎带寄来"的意思，表达更加准确。而且原译句以and连接的并列句改成as引导的状语从句，句子的关系更加明确，突出了该复合句中的主句信息（I am especially interested in...）。

③清晰。在英语中，不管句子多么复杂，都要结构清晰（clear），突出重点信息，使读者很容易把握句子的主干，快速地找到所要的信息，询盘信函更要如此。例如：

我们的商业伙伴对你们的实木橱柜评价甚高，我们很感兴趣，恳请您惠寄带有图片的最新的产品目录和价目表，并报出最低大连抵岸价。

原译：Because our business associates speak highly of your wooden cabinets, we would be grateful if you could let us have more information about them. Please send us a copy of your illustrated catalogue, current pricelist, and offer us your lowest prices CIF Dalian.

改译：Our business associates speak highly of your wooden cabinets. We would be grateful if you could send us a copy of your illustrated catalogue and current price list, quoting your lowest prices CIF Dalian.

原译句中从句、复合句使用混乱，重要信息不突出。改译句中去掉了多余信息部分（let us know more about them），使用了伴随状语（quoting 部分）作为次要信息。也就是说，改译句由一个简单句和一个从句构成，感觉句子长短有致，重要信息凸显（send us a copy of your illustrated catalogue and current price list）。

④从对方立场出发。在询盘信函中要采用you-attitude，以对方为主语，显示对方的重要地位。从对方的立场出发，表达出写信人尊敬对方、为对方着想的态度，这样更能赢得对方的好感，能够促进交易的达成。例如：

如果我方认为你方的报价合理并且质量达到我方要求，我方将考虑建立长期的合作关系，长期订购。

原译：If the prices quoted are reasonable enough to us, and the quality is up to our standard, we will place orders with you, ordering on a regular basis.

改译：If the prices quoted are competitive, and the quality up to our standard, you will receive our regular orders.

原译句由两个并列句和一个复合句组成。改译句对该句进行了重组，把原译句的第二个并列句中的动词（is）按照英语的习惯省略，使句子更加简洁紧凑，更重要的是把主句的主语由we改为you。

⑤礼貌。询盘信函既要选择具有礼貌意义（courteous）的词汇，又要选择能表达礼貌意义的句型，还要使用能传递礼貌意义的语调。

一是礼貌意义的词汇。例如：

我想问您是否同意我方用30天远期汇票、承兑交单的方式结算货款。

原译：I want to know if it is possible for you to allow us to settle on a D/A basis with payment by 30-day B/E.

改译：We'll be grateful if you can allow us to settle on a D/A basis with payment by 30-day B/E.

原译句中的want to know显得不是十分客气，违背了商务书信的礼貌原则。在英语中很少使用带有命令式、表达个人欲望极强的词语，通常选用比较客气、有商量余地的词语。改译句中使用了be grateful，这是常用的地道句式，也礼貌多了。

二是表达礼貌意义的句型。例如：

再过几周就是圣诞旺季，请你方务必按时交货。

原译：As Christmas is only a few weeks away, you must deliver the goods within the time specified.

改译：As Christmas is only a few weeks away, we would be happy if you can deliver the goods within the time specified.

原译句中的you must deliver the goods是强调命令的祈使句，态度强硬；改译句中使用了常用句式we would be happy/grateful/appreciate it if…，非常礼貌得体。

三是传递礼貌意义的语调。例如：

我们希望得到贵厂"好生活"系列的绿茶样品，每份至少2小包。

原译：We wish to get at least two samples of the green tea in your Good Life Range.

改译：Could you send us at least two samples of the green tea in your Good

Life Range?

原译句中"我们希望"在中文中好像是表达出作者的客气的，礼貌的态度，实则不然。英文中的wish其实是I-attitude句，并没有向英美读者传递出客气礼貌的意义。改译句（Could you...）是you-attitude句，同时又是疑问句，更表达出作者的礼貌意图。在翻译中采用you-attitude这种语调可以传递出礼貌意义。

（2）发盘信函的翻译策略

发盘商务信函除了要遵循7C原则之外，还要特别注意下面的原则。

①避免逐字逐句翻译。例如：

随函附上我们最新的产品目录和天津离岸价价目表。预计收到订单后一周内发货，估计四周内到达。

Enclosed you will find our latest catalogue and FOB Tianjin price-list. Goods will be dispatched within one week of receipt of the order and reach you within four weeks.

读者可能会发现预计和估计这两个词在英文译文中并没有出现。当然如果要体现出来，可以说，is due to be dispatched...，is due to reach you...。但是这样模糊的表达不够清晰确切。

②短语代替句子。

一是平行结构代替句子。例如：

所附报价为净价，您可以享受25%的行业折扣。如订货超过50箱，另有3%的数量折扣。如果现金全额结清货款，还可进一步享受2%的折扣。

原译：We quoted a net price from which you can enjoy a 25% trade discount. An additional 3% quantity discount is offered to orders over 50 crates. A further 2% discount is allowed for cash payment made in full.

改译：The offer is our net price, on which you can enjoy a 25% trade discount, a 3% quantity discount for orders over 50 cases and a 2% cash discount for full payment made in cash.

原译句为三句话，改译句通过平行结构把三句话整合成了一句话enjoy a 25% trade discount, a 3% quantity discount for orders over 50 cases and a 2% cash discount for full payment in cash。

二是介词短语、非谓语动词代替句子。例如：

除了手提包外，本公司亦制造多种系列精美的皮带和手套，贵公司如感兴趣，可参看带有插图的产品目录。

原译：In addition to handbags, we also offer a variety of high quality belts and gloves, which are listed in our illustrated catalogue.

改译：Besides handbags, you will also find a large variety of high quality belts and gloves in our illustrated catalogue.

改译句是you为主语的句子，同时用介词短语代替原译句中的定语从句，更为简洁。

③汉英句子结构差异。例如：

您6月6日的来函我公司已收到，感谢您欲购我公司的产品，现随函寄上最新价目表一份。所报价格皆为抵岸价。

原译：We have received your enquiry of June 6th in which you asked about our products. And we thank you for this. Please find enclosed our current price-list. All list-prices are quoted on FOB basis.

改译：Thank you for your enquiry of June 6th in which you asked about our products. Please find enclosed our current FOB price-list.

英语的句子重心在前面，先说重要的信息，再解释原因。通常情况下，应该把致谢的话放在前面，尤其在给对方回函的时候。另外，英语句子要求通过各种语法手段整合句子，避免啰唆。改译句中current FOB price-list替代了All list-prices are quoted on FOB basis，轻而易举地把两句话整合成了一句话。

二、广告文体翻译

广告是受到人们普遍欢迎的大众传媒形式之一，它具有通用性和流行性等一些基本的语用特征。同时，作为一种具有特殊功能的文体，广告英语文体在信息传递与信息交流方面也显露出一些特殊性。

（一）广告语体的功能

英语作为世界上使用最广泛的语言，和所有其他语言一样，其基本功能同样在于传递信息、维持人际关系、表达情感、行为做事等。广告英语文体语体也是英语语言社会功能变体的一种。

广告语体，既受时间和空间的限制，但又要求达到立竿见影的传播、促销效果，必须具备相当的特点，才能在有限的时空中让广告说明情由、鼓动情绪、给读者留下深刻印象、促使社会行为的发生。那么，广告英语文体语体究竟具有哪些方面的功能和特点？这些功能和特点又是通过什么样的手段实现的呢？

与普通英语相比较，从语言的基本功能方面看，广告英语文体有其自身的特色和侧重，它主要借助语言的应酬功能、信息功能、情态功能作为行为手段和工具，以实现移情功能、指令功能作为行为终极目标的语言行为。

（二）广告文体的表达方式

1. 创造性

从信息交流模式的角度看，广告的信息交流具有间接性和单向性。绝大多数广告的信息不是通过信息发出者直接面对面地传达给信息接收者，接收者对信息的反馈也不是立竿见影地表现出来，更不存在任何即兴的互动。这给信息的有效交流和传递造成了一定的障碍与限制，迫使广告制作人努力探索独特、有效的信息交流方式，以顺利实现交际意图——宣传、美化、推广广告信息。

AIDMA（Attention注意，Interest兴趣，Desire欲望，Memory记忆，Action行动）法则早已成为广告业的通用规则。其中，Attention是实现其他各环节的前提条件，因而是广告设计首要关注的对象。因为商业企业要向人们销售产品和服务，首先要引起人们对产品和服务的注意。

广告英语文体表达方式的创造性主要表现为语言使用的特、新、奇，即广告制作人创造性地运用现代英语的词法、句法、语用规则和诸如类比、双关、对照、设问等人们喜闻乐见的修辞手法，使之具有某些特别的含义，以顺利实现交际意图。换句话说，就是广告人尽可能采用各种途径，在有限时间和空间里，引发广告受众的注意，使之意识到问题和需要的存在，并感受到广告的感染力和震撼力。广告英语文体常借助设问型、警醒型、比较型、幽默型等表述方式实现引发注意的言语功能。

2. 美学性

广告英语文体的美学特点主要体现在形式、音韵等几个方面。

（1）形式美。广告为了刺激人们的视觉感官，都会特别注重其外在的形式之美，以求最大限度地吸引人们的目光。好的广告能让人感到眼前一亮，极大地引起读者的注意和兴趣，让读者产生消费欲望，进而过目不忘，并最终付诸购买行动。

（2）音韵美。有节奏、有旋律、能押韵的声音（即乐音）才能悦耳动听。广告人在创意产品商标、起拟广告标题、构思广告口号、撰写广告文案时，无一例外地特别注重合理地整合音韵、推敲节奏、调配旋律，使广告语言不仅具有流光溢彩的视觉美，而且具有珠圆玉润的听觉美，不但能传递丰富的商业信息，还能以歌谣的形式广为传唱。

广告英语文体音乐美主要借助语音的组合、节奏的和谐及韵律的搭配，来营造悦耳赏心的效果，带给广告受众审美的快感。

为了使广告语言能完美地体现商品和服务的特点，并打动消费者，广告人往往会有意无意地运用英语的语音特点与适当的音素组合，在语音与语义间搭起桥梁，使听者产生丰富的语义联想。

语言学家对英语语音的研究表明：（1）辅音可分为柔软与刚硬两种，边音、鼻音、擦音听起来比较柔软、绵长，而爆破音则显得比较刚硬、短促；（2）元音中开口度小的前元音等听起来清脆单薄，而开口度大的后元音以及双元音则显得洪亮厚实。

这些音素所具有的最基本的音响特质能刺激人们的听觉，激起不同的联想，产生不同的情绪。例如，在著名的体育用品商标Adidas中，第一个/ɑ:/饱满而结实，紧接着一个/di/短促且清亮，再加上一个刚性十足的/dɑ:/，最后出现轻柔绵延的软音/s/，形成由：

/ɑ:/— /di/— /dɑ:/— /s/

四个音节构成的明快组合。"啊—嘀—哒—嘶",读起来"嘀哒"有声,错落有序;听起来,恰似运动员跑步时轻快的脚步声和有规律的呼吸声。带给人一种参与竞技运动的酣畅淋漓之感。这种刚柔相济的语音组合将感情色彩丰富的音韵发挥到极致,构建出跌宕起伏的乐感,进而成功地运用语音展现并突出了商品的形象和特点,强烈地刺激广告受众的感觉器官,并在他们的记忆深处留下永久的烙印。

节奏可以简单地理解为音乐或语言中"轻、重音的搭配模式",它也是广告人最青睐的有效的创作手段之一。广告设计者有意识地让广告中说话人话语的"气流依某种规则流动,在时间上保持相等距离而反复振动声带",从而获得轻重相间的节奏,使广告词读起来高低升降变化丰富,抑扬顿挫宛转悠扬。而轻重相间的"嘀嗒、嘀嗒"型节奏正是英语语言最主要的节奏特点。"通顺的英语大多数符合轻重相间的节奏",它也是"英语传统诗歌的主要节奏"。

押韵原指诗歌中,词语与词语之间、诗行与诗行之间相同的或相近的音素按照一定的规律间隔的重复,它是诗歌语言特有的语音模式。英语诗歌语言的韵律搭配模式有很多种,其中以尾韵即结尾押韵居多。尾韵要求行末重读音节的元音及其后之辅音或轻读音节相同或至少相似。

在广告中合理搭配韵律能让广告话语的诵读具有极强的乐感,能借助其音乐性,达到激活听众音乐审美情趣、吸引听众的广告效果。因此,押韵是广告人不可或缺的工具,在广告创作中得到广泛的运用。

(三)广告文体的语言特点

1. 广告文体中的词汇特点

广告英语文体出于其特定语用功能的需要,往往会刻意借助词汇某些相对的"稳定、持续和独立"的特征,直接运用寻常词汇形式表达不寻常的意义,在特定的语境中,赋予词汇某种新颖的意义,在视觉、听觉、感知、认知上制造并传递出奇特的语义效果,以实现广告告知、传播的语用功能。根据KISS原则,广告词汇的使用还必须准确精练、恰到好处,既不能影响信息表达,也不能引起受众反感,因此广告文体词汇的使用还必须言简意赅、形式瞩目。

（1）广告英语文体中的名词

名词通常用来指人、地点或事物，且所指事物具有以下特点：特定性（specificity）、界限性（boundedness）、有生命（animacy）、性别和性（sex and gender）、亲属关系（kinship）、社会地位（social position）、物理特性（physical properties）和功能（function）。

从感知识别意义上看，名词的"信息稳定性、时间稳定性和认知稳定性"使名词必然带有言简意赅、形式瞩目的形式特征。正是这个特点决定了广告英语文体中名词的出现率最高。

广告英语文体中的名词主要涉及宣传什么以及为什么宣传等方面内容。在广告中，大量使用名词词组至少有一个好处，可以使篇幅缩短。在有限的篇幅中包含较大的信息容量，达到言简义丰。在广告费越来越昂贵的现代社会，使用名词词组还能大量地减少广告费用。

名词词组是以名词为中心词的词组，通常是由一个中心词和其他限定词和/或修饰语构成。

名词词组是广告文体中结构最复杂的成分之一，其独特之处在于它具有独立的语法地位，可以大量作为独立分句广泛使用。

名词词组在标准英语里是句子的从属部分，不能独立成句，但在广告英语文体中却能在形态上成为一个独立句。例如：

A **contemporary** classic, A **timeless** timepiece.（形容词前置）
当代的经典产品，永久的计时装置。

（手表广告）

Masters **of detail**...（of介词短语后置）
细节大师……

（家具广告）

Each bracelet meticulously **finished.**（过去分词后置）
款款手镯，精工细作。

（手表广告）

The **Relentless** Pursuit **of Perfection.**（复合修饰语前、后置）

追求完美，永无止境。

（凌志汽车广告）

The determination **to excel.** The drive **to achieve.** The commitment **to be the best.**（动词不定式后置）

超凡的决心，成就的动力，最好的承诺。

（韩国航空公司广告）

A destination **that always leaves a big impression.**（定语从句）

令您流连忘返的仙境。

（酒店广告）

  以上例子的全部篇幅都被用来描述和赞扬商品或服务的优点。依照传语法标准来看，它们都省略了主语及谓语动词，成为"无主谓句"。

  但在广告中，将"次要"的句子成分简化省略后，关键词语则显得十分鲜明、突出、紧凑。试将这些"无主谓句"与它们的完整形式相比较，这类看似语法结构不完整的"无主谓句"，当置身于由广告内容所构成的语境中时，其形式简洁、风格洗练、内容浓缩的名词词组反而更能突出地表达最重要的信息。

  广告英语文体中，大量名词词组替代独立句，它们虽然不同于传统语法意义上的句子，但在功能和意义上却与一个完整的句子等同。它们有时还借助标点符号，如句号、破折号、省略号、冒号、问号、感叹号等来实现完整语句功能，体现其在广告英语文体中的独立地位。

（2）广告英语文体中的形容词

  形容词是指那些用来说明名词所指代的人和事物特性的词语。五彩的世界展现出无尽的多样性，其构成要素纷繁、形态各异、色彩缤纷。名词赋予这些东西以基本概念，形容词则用来修饰和限制概念的性状和特征。离开形容词，我们根本无法精确地描述我们眼前的世界。

广告英语文体经常使用评价性形容词，特别是褒义性的形容词，使广大受众对产品或和服务产生模糊且良好的印象，从而达到营销目的。这些形容词往往能使广告增色，故而广告英语文体常被戏称为一个"没有罪恶、没有苦难、没有野蛮的奇妙世界"。商业宣传活动离不开形容词的描绘作用。

比如，质量既是消费者选购商品时首要关注的方面，也是生产企业发展的必备条件。生产企业在推出优质产品的同时，还有必要大力宣传产品的优点，以吸引消费者。在广告活动中，形容词，特别是表性状的形容词，对生动地描绘出广告商品的优良属性起着关键作用。

2. 广告英语文体中的句法特点

作为英语语言的一种社会功能变体，总体上说，广告英语文体在句法上不仅完全合乎通用英语语法体系的规则，而且能更"有意地"利用这些规则来表达广告人的意图和诉求。

英语的语态分为主动和被动。日常英语中语态的选用并不存在某种强烈的倾向性，主要视言辞表达方便、说话人的需要或强调的对象而定。但广告英语文体中的语态选择则有一定的特征：比较而言，主动语态占优，被动语态则尽量避免使用。究其原因，主要是以下几点。

首先，广告人为了宣传商品、服务或商品服务提供者，总会利用有限的篇幅，尽量渲染被宣传对象的特征、品质，以及在与同类商品或服务的比较中凸显出来的优点。广告英语文体语篇中的语句多为宣传商品质量高、赞扬商品经久耐用、刻画商品的使用以给消费者带来的愉悦感受等方面特定的描述性语句。这类语句的基本结构多为：

P1 主语+系动词+表语

P2 主语+不及物动词

P3 主语+及物动词+宾语（+宾补）

其中，主语主要由表示商品、服务或商品服务提供者等的名词或名词词组担任。谓语多由系动词、不及物动词，或者由具有役使语义的及物动词充当。前两者用以引出描述主语的性质、特征或状态的表语，后者用来引出宾语和主语能给宾语带来的结果。表语位置出现比较频繁的是名词、形容词、动词的分词形式。宾语则主要是广大受众或潜在消费者。以上几方面语法功能均决定这几种类型的语句一般都是用主动语态来表达的。

其次，从人际功能的角度讲，广告英语文体多采用主动语态也有两方面因素。广告语句以商品服务提供者为句子的主语时，能表明商品服务提供者为消费者提供产品或服务的积极主动性；而以消费者为语句的主语时，则突出的是广告中的消费者使用商品的愉悦感受，并暗示购买和使用是消费者主动、自愿，甚至是积极的行为，从而暗示产品或服务的高质量、好信誉和备受欢迎的程度。这两种因素都极易诱发消费者的购买热情，这两种效果借助被动句通常是难以实现的。故而，相比于被动句，主动句更具有感染力和促动力，也更能为广大消费者接受。

被动语句的使用多会让消费者有被动的感觉。消费者一般来说都愿意将自己想象成广告的俊男靓女，若使用主动语态的语句，能让消费者在潜意识中觉得自己就是广告产品的主动执行者、掌控者，进而如己所愿地进行选择和购买产品。所以，主动语态的句子还能避免让消费者内心产生被迫、被欺骗，或强买强卖等不良情绪。

此外，人们理解一个被动句比理解一个主动句所花的时间要多。广告英语文体多用简单的口语语体，而口语语体多用主动句。比较而言，要花时间才能被理解的被动句在广告中常常被避免。

由此可见，广告英语文体中主动语句的大量使用也就不足为奇了。其他广告中偶尔会用到被动语态，但其中所占比例是少之又少。

（四）广告文体翻译的策略

1. 意译

直译不可能是万能的。因为不同的语种有不同的表达方式、不同的文化背景。而且，随着广告事业的发展，出现了越来越多意味深长的广告词，这些广告词使广告翻译者面临很大的挑战。要译好这些广告单靠直译是不够的，必须冲破原文形式的束缚，采用意译才能完美、准确地表现原广告传递的信息。这种情况下，译者采用的对等策略是"含义对等"。

正因为并不是所有的语言在表达形式上都是相同的。很多情形下，如果译者想在目的语中忠实地保留源语文本的内容，他必须调整甚至放弃源语文本的表达形式,在译入语中重新建构表达形式,避免造成源语文本内容的严重失真、译入语晦涩难懂,或译入语读者误解,这种翻译方法就是意译。例如:

原文:Ask for more!
译文:"渴"望无极限!
（百事可乐广告）

原文:Ups. On time, every time.
译文:Ups——永远那么及时。
（Ups快递广告）

原文:Every time a good time!
译文:分分秒秒,欢聚欢笑!
（麦当劳广告）

以上三则广告的翻译都是意译,译文充分表达原文含义,且没有一个与原文的语句表达形式相同。

正如乔姆斯基所说:"译文应正确表达原文的内容,而没有必要在形式上完全与原文一致",况且很多情况下,甚至根本无法达成一致。此外,意译常能利用形象、生动、委婉的语言来吸引读者,就广告而言,对于推销商品,吸引顾客会有更好的效果。

广告汉译英中也有不少通过意译实现含义对等翻译策略的。例如:

原文:汲取生物精神,焕发生命潜能。
译文:Essence of Living Beings, Energy for Life.
（保健口服液广告）

上述广告译文舍弃了源语广告中两个动宾结构的祈使句,以两个名词短语代替,避免了实词过多带来的语义重心分散,运用含义对等策略,使译入语读者和源语读者一样，集中关注广告宣传的主题"生物精神"与"生命潜能"。再如：

原文：为中国西部的腾飞加油！
译文：For the rapid development of West China!

（CCTV西部频道广告）

上述广告原文包含隐喻"腾飞"，是一句感叹语气的口号。其形式简洁有力，极富感召力。译文没有保持原有修辞格，而是通过意译直接点明原文辞格的寓意：快速发展，避免了直译"腾飞"可能给译入语读者带来的误解。译句同原句意义相同，含义对等，功能相似。

2. 仿译法

所谓仿译法，就是仿用现成的语言形式来进行翻译，这种方法往往能达到事半功倍的效果，因为现有语言形式中已包含大量的可以借用的语言形式。其中套用成语、谚语、俗语等是最常用的手段。例如：

原文：Apple Thinks Different.
译文：苹果电脑，不同凡"想"。

（苹果电脑广告）

苹果电脑宣传标语Think Different，言简意赅地说明了要宣传的内容，译者套用汉语成语"不同凡响"，借助谐音置换，成为不同凡"想"，既符合语境，又形象幽默。再如：

原文：中原之行哪里去，郑州亚细亚。
译文：While in Zhengzhou, do as the Zhengzhounese do. —Go shopping in the Asian Supermarket.

（郑州亚细亚超级商场广告）

167

上述广告的英译则是仿用了英语谚语 "While in Rome, do as the Romans do."

原文：食在广州。
译文：East or west, the Guanzhou cuisine is the best.

上述广告的英译仿用了英语成语 "East or West, home is the best."

原文：I'll do a lot for love, but I'm not ready to die for it.
译文：情爱诚销魂，生命价更高！

上述广告抓住人们恐惧艾滋病的心理，劝说消费者为爱疯狂时，一定要珍惜生命，在含蓄地表达这一主题的同时，宣传推销避孕商品，可谓雅俗共赏。但恰当翻译这句口号实属不易。若直译为"我愿为爱情付出许多，但我不准备为爱情牺牲"，则过于笼统、不着边际，大众难以理解，也表达出广告的真正用意。译文借用匈牙利诗人裴多菲的名句"生命诚可贵，爱情价更高"，并取反论，使用仿拟辞格，这样才符合原广告的本义。仿译利用译语的语言形式易为读者所接受的特点，仿拟译入语来翻译广告，让读者倍感亲切，无形之中接受广告所宣传的信息。

广告文体变化多端、别出心裁，加上中外语言文化迥异，使广告翻译成为较为复杂的问题。以上只是探讨了广告翻译中的几种方法，在实际翻译中，要真正做到译文和原文的最大限度功能等值，只单纯地使用一两种手段是远远不够的，而需要从具体情况出发，辩证、综合地选择合适的手段来传达原文的意义。

（五）从中西文化差异看广告翻译及翻译策略

随着经济全球化的深入，广告已然扎根于人们日常的生活。它不仅是顾客了解、熟知产品的桥梁，还是商家宣传商品的渠道。广告翻译促进了国家之间的文化交流，加强了国家之间的经济交流。因此，在进行广告翻译的语言转换时，必须要灵活处理，充分考虑源语言和目的语读者的直观感受。倘若, 在进行广告翻译时, 源语言逐字逐句地按照其字面意思转换成目的语, 其所取得的广告效果与源语言相比必然大相径庭。广告翻译除了要面临中西方的语言转换问题, 还要面临思维方式、价值观念、社会风俗和审美情趣等差异问题。由于这些差异的存在, 从中西方差异下分析广告翻译及其策略是必要的。文章选取广西桂林宣传语、Philips 照明产品、雪碧广告语等典型的广告分析, 旨在探讨中西文化差异下的广告翻译及其对应的翻译策略。

1. 广告翻译中的文化差异表现
（1）思维方式差异

思维方式影响语言表达, 不同思维模式形成不同的语言表达。从本质看, 翻译是不同思维之间的转换。西方的思维模式是简洁的直线式思维, 而中国则是迂回的螺旋式思维。国人表达含蓄, 形成汉语重意合的特点; 西方则比较直白, 形成英语重形合的特点。例如, 广西桂林的宣传语"桂林山水甲天下", 该广告没有直接说桂林是天下第一, 而用"甲"字含蓄表达出来, 体现国人的含蓄思维。而它的译文 "East or west, Guilin is the best." 直接表明桂林山水是世界第一, 直截了当, 符合西方的直白思维。再如, Philips 照明产品的宣传语 "Let's make things better." 该广告语用祈使句表达产品理念——追求更好的产品, 体现西方的表达直接, 而译文"没有最好, 只有更好", 该译文用四字结构, 均以"好"结尾, 体现国人的语言含蓄, 又能表达原意。以上例子均体现了中西方思维模式上的差异。

（2）审美情趣差异

古罗马的贺拉斯曾说: "每个人都有每个人的审美观和爱好……他们的情趣不同, 他们的追求也各异。"这在广告翻译上亦同理。一则短短的广告极有可能蕴含不同的民族元素。因此, 除了上述提及的三种差异, 译者还要考虑不同国家的审美情趣, 以适应广告受众国的审美观, 捕获消费者的心理特征。在此, 不得不提及著名快餐连锁企业肯德基, 其使用了 64 年的经典广告——Finger Lickin' Good。早在 1987 年, 肯德基曾尝试打开中国的市场, 希望通过 "Finger Lickin' Good" 这句广告语暗示其食物好吃到让人吮指, 意在彰显健康的快餐形象, 以此来吸引顾客。结果可想而知, 这番宣传反响平平。正是因为不同文化背景的人存在审美偏差, 也许"吮手指"这种行为在美国的文化中，是他们表达个性、全力张扬的美，但与中国强调"内敛"背道而驰。

2. 广告翻译的策略

由于中西方文化在思维方式、价值观念、社会风俗和审美情趣等方面存在差异，译者需要向目的语读者靠拢，译成地道的本国语言，并保留语言特色和异国情调。由于文化差异的存在，翻译时需要"让读者去接近作者"或"让作者接近读者"。译者必须根据翻译目的来选择，尽可能把读者和作者放在同一层面，以此解决目的语与源语言之间的差异。所以，有归化和异化两种不同的翻译文化取向，而这些取向通过不同的方法体现。

（1）归化

①替代法。替代法翻译的目的是让读者更容易记住广告，从而达到记忆价值。通过同音词替换实现词语转换。译者在翻译时要考虑中西方价值观的差异，翻译要符合当地的文化风俗，译成地道的本国语言。例如，我国洗衣机品牌"荣事达"，国人认为这是一个褒义词。若用汉语拼音直译为Rongshida，不符合英文的思维，同时"荣"的发音与wrong极其相似，容易使消费者产生负面联想。相反，用Run Star的同音词替代，既朗朗上口又能达到宣传品质的效果。再如，Coca-Cola最初进入国内市场，广告语是"口渴口蜡"，中文的"蜡"代表一种不可食用的固态物品，对口渴的人，此广告语毫无吸引力，容易造成思维差异的误解。而译为"可口可乐"，该广告语给人清凉可口的感觉。译者考虑到中西方的风俗差异，用同音词替代原文，因此该饮料迅速占领国内市场。字母替代法指将一些专有名词的拼音及英文单词的首字母组合在一起构成品牌英译名称的方法。由于中西方的价值观念的不同，采用字母替代法可以加深记忆，使消费者短时间内了解产品名称，从而产生利益价值。例如，"京东"（JD.com，拼音全称为Jing Dong）、"中兴"（ZTE，全称为Zhongxing Telecom Equip-ment），两个例子均使用首字母代替翻译，简洁明了，使消费者更加容易记住产品名称，达到营销的效果。

②释义法。释义法就是舍弃原文中文化预料的语言外壳，直接解释出源语文化语料所表达的意义。在翻译一些具有民族色彩的词语或者一些具有隐

含意义的词语时，通常会使用释义法来翻译广告，用这种方法翻译，既可以让译文更加简洁明了，也不会损害译文传达的信息和文化。例如：

To me, the past is black and white, the future is always color.（轩尼诗广告）

对我而言，过去平淡无奇，而未来，却是绚烂缤纷。

上述广告都采用了释义法，直接传达广告的意思。中西之间的审美情趣存在差异，西方追求大方直白，中国则追求含蓄意境。上例中，black and white字面意思是"黑与白的"，隐含的意思是"平淡无奇的生活"；color字面意思是"色彩"，隐含"绚丽多姿的生活"。若直译该广告："对我来说，过去是黑与白的，未来却总是彩色的。"译文虽大方直白，却显得平淡无奇，且不能激起消费者的购买欲望。采用释义法后，广告语就更加有意境和有内涵，且符合国人的审美情趣，会引起较强的震撼力和感召力。

Exclusively Fine Champagne Cognac—Remy Martin XO.

人头马一开，好事自然来。

由于每个国家的风俗习惯不同，因此广告翻译时应符合目的语的文化习俗。广告语中Exclusively Fine Champagne Cognac直接翻译是"专供上等香槟白兰地"。这样的广告语没有特色，不能激起消费者的购买欲。译者采用释义法，把其翻译为"人头马一开，好事自然来"。这样的翻译，不仅让消费者记住了"人头马"这个品牌，还形成消费冲动。在中国的文化习俗中，酒一般是在庆祝的时候喝，喝人头马自然是有好事值得庆祝；另外，"好事自然来"，喝了人头马能够带来好运，也更加符合中国人注重好彩头、好意头的心理。

（2）异化法

①直译法。广告翻译中，最主要的翻译方法之一就是直译法。其既能准确传达原广告语的意思，又能够保留原广告语的表达形式和句式结构，还能准确传达广告语的意义和风格。例如：

国酒茅台，酿造高品位生活。（茅台酒广告）

China Moutai brews quality into life.

上述广告都采用了直译手法，简洁明了。上例准确传达了茅台酒的高品质的地位，点明了茅台酒是国酒之光的身份。这样更直接明了，更加符合西方的思维方式，告诉消费者高品位的生活就像高品质的茅台酒一样，需要细品,传达高品质的酒能带来高品位生活的品牌理念,也能够减少中西方思维方式不同带来的问题。

Action makes one's potential limitless.(鸿星尔克运动品牌广告)

行动让潜能无容限。

上例是运动品牌广告,传达了运动品牌的精神。目的广告语"行动让潜能无容限",能够给消费者传达一种积极向上的精神,符合运动品牌的理念,直译不仅直接地诠释了品牌的理念和内涵,而且传达共同的品牌文化和品牌精神,也避免思维方式差异产生的分歧。

②音译法。音译法通常应用于商标名称的翻译,是指当我们在翻译商标找不到对应的中文词语来表达时,按照商品名称的发音,找到与之语音相对应的汉语字进行翻译。由于受各国文化差异的影响,世界上各个国家、各个民族的语言表达习惯和词汇体系都是不同的,汉语和英语在语言表达习惯和词汇体系方面存在着较大的差别。因此,译者在进行广告翻译时可以运用音译法这一翻译策略来处理中西文化在思维方式、社会风俗以及审美情趣上的差异。作为零售批发行业的行业标杆,德国 METRO 在进行中文牌名翻译时很有讲究。在英汉字典中可以查到 METRO 有地铁的意思,为避免中国消费者理解成"地铁超市",METRO 企业巧妙地把 METRO 音译成了"麦德龙"。METRO 企业知道中国人思维比较含蓄、委婉,不像西方人那么直白,于是他们用"麦"来代替"卖"。"德"可以说明 METRO 企业在中国的发展会严格遵循当地法律法规等。而"龙"是中华民族精神的象征,体现出中国特有的文化,很容易被中国消费者所接受。"麦德龙"这一中文译名的翻译可以说是非常成功,这为 METRO 企业进军中国市场、抢占中国市场添砖加瓦。由此可见,外国商品进军中国市场时,要了解中西方思维模式的差异,也要充分把握国人的文化风俗,慎重翻译。广告翻译的翻译策略之一——音译法既要忠实于原文,又不能拘泥于原文,抓住消费者的心理特征,创造出富有审美情趣的广告翻译,给消费者留下深刻印象、美好享受,从而使销量大增。

随着经济全球化发展,品牌的影响力逐渐增强,广告翻译逐渐成为国与国之间文化交流的一种形式。在跨文化语境下,宣传广告的翻译必须考虑各国思维方式、价值观念、社会风俗和审美情趣等文化差异。译者应深入研究异国文化，坚持一般性翻译原则，同时采取灵活的翻译策略——归化和异化。归化法的翻译侧重采用地道的本族语的表达方式，让顾客能够短时间内了解产品，从而达到营销目的。而异化法的翻译能够保留其语言风格和异国情调，吸引喜欢购买国外产品的顾客。结合归化和异化两种翻译策略，广告语能够最大程度地接近当地顾客的文化心理，获得消费者的认同感，从而使商品畅销世界各地。

三、新闻文体翻译

现如今，新闻信息在传播的过程中已经呈现出多种形式，受众获取新闻信息的方式也发生了很大的变化。因此，翻译人员要不断提高自身的翻译水平，才能与新时代的发展步伐保持一致。基于此，下面对新闻翻译人员的要求以及新闻翻译的主要特征进行了分析，同时也提出了新闻翻译的主要原则和技巧，旨在与相关工作者相互交流，从而推动我国新闻宣传行业的发展。

（一）新闻翻译对专业人员的基本需求

新闻媒体主要是向受众传递新闻信息，除了要宣传国家政策之外，还会传递国内外的新闻信息，所有新闻信息在翻译过程中除了要保证时效性之外，还要确保新闻信息的完整性。目前，新闻行业发生了很大的变化，传统新闻已经开始在整合资源的过程中向新媒体方向发展，新闻信息在传播的过程中已经逐渐实现了互动性的传播。新闻翻译的主要工作内容是将新闻语言按照要求进行翻译，所有翻译人员除了要严格把握新闻信息的舆论导向和核心内容之外，还要保证翻译后的新闻内容符合当地受众的阅读方式。因此，下面对新闻翻译人员的基本要求做了总结，主要表现在以下几个方面。

首先，新闻翻译人员必须具备较强的政治素养。翻译虽然是将语言以另一种形式进行转化，但是新闻信息在翻译的过程中除了要体现文字的真实内容之外，还要将新闻信息中涉及的政治观点以及文化理念进行传递，必须遵守实事求是的原则。然而，不同的语言在表达过程中必然会存在一定的差异，再加上语言在翻译的过程中难免会受到外界因素的影响，所以新闻翻译对工作人员的政治素养要求很高。新闻翻译人员必须定期学习理论知识，用全新的思想意识进行自我武装。在翻译的过程中除了要紧紧围绕新闻信息的中心思想之外，还要不断提升自身对新闻信息的敏感性，把握好舆论导向。

其次，新闻翻译人员必须具备较强的职业素养。新闻翻译工作是非常严谨的，任何一个环节出现问题都可能会造成非常严重的后果，所以翻译人员必须具备较强的职业素养，在工作过程中认真仔细，避免因为粗心造成失误。随着媒体行业的发展，多种形式的语言发生了较为明显的碰撞，新闻翻译人员还要具备辨别新闻信息真实度的能力，对新闻信息的原文进行全面分析，在翻译的过程中将文章的政治立场和中心思想进行全面表达。除此之外，新闻翻译人员还要掌握翻译过程中的规范技巧，学习全新的专业术语，除了要掌握基础的文字理论知识以外，还要通过调查研究加强对语言文字的全面理解，不断提升自己的语言能力和翻译能力，掌握语言在发展过程中的基本规律，这样才能使翻译出来的文字更加精准。

最后，新闻翻译人员要具备较强的工作能力。新闻翻译是将新闻信息进行有效传递的另一种形式，由于新闻信息中包含了很多与政治立场和文化有关联的信息，因此新闻翻译人员除了要具备较强的专业能力之外，还要掌握多种工具的使用方法。例如，翻译人员可以通过大数据或者网络技术搜集相关资料，提高自身的工作效率，在传递过程中确保新闻信息的真实性。随着新媒体时代的到来，新闻信息的传播途径越来越广，虽然提高了新闻传递的有效性，但是很多新闻信息的来源并不能完全得到保障。因此，新闻翻译人员必须要学会对新闻信息的真实性做出判断，将与自己工作相关的内容全面掌握，不断强化自身的工作能力。除此之外，无论在何种情况下，新闻翻译人员都要具备实事求是的工作作风，避免在翻译的过程中出现误差，在传递新闻信息的过程中也要保证新闻信息能够完全按照原文意思进行传递，避免新闻信息的政治导向受到自身的影响。

（二）新闻翻译的主要特征

无论是不同民族还是不同国家的语言，在与人沟通过程中，语言呈现出来的特征应当符合大众要求，尽量使用节俭的语言文字，新闻信息在翻译的过程中必须保证内容易懂、用词精准，这样才能将受众的注意力集中在一起。因此，新闻翻译人员在将新闻内容进行翻译的过程中，要尽可能使用断句，词语也要简单，这样才能保证新闻信息的精练度。如果新闻信息的内容过于严肃简洁也会影响受众的关注度，所以在翻译的过程中可以适当增加一些趣味性的语言，提高新闻信息的生动性。除此之外，新闻翻译人员在选择词语的过程中，必须使用精准的词语，防止在翻译的过程中出现漏洞或者曲解新闻信息的文本，通过文字带动受众的情绪，从而提高新闻信息的关注度。

1. 词语的主要特征

首先，新闻翻译过程中所使用的词语具有一定的风格。实际上不只是新闻翻译工作，任何一个行业、领域都会有属于自己的专业术语。所以，在对新闻进行翻译的过程中，有些词语在使用时就成了特定的词语，并且利用这种专业术语对新闻信息进行阐述和表达。当然，这些特定的词语并不是随意制定的，而是要经过反复筛选，如果大部分的新闻原文中都涉及这样的词语，逐渐就会将这个词语转化为固定的翻译词语。

其次，新闻翻译过程中对小词的使用较为频繁，这里所谓的小词实际上就是短词。在翻译新闻信息的过程中使用简短的词语能够使整篇文章在阅读的过程中显得更加精练，同时这也是新闻翻译最主要的特征。除此之外，小词所代表的含义较为宽泛，在新闻翻译的过程中使用小词能够使整篇内容显得更加生动。

再次，在新闻翻译过程中，翻译人员还会经常使用缩略语。有些国外机构的名称很长，如果利用缩略语就能降低长名称出现的概率，同时也能使新闻信息的重点更加突出。

最后，在新闻翻译过程中，经常涉及很多新词，或者临时根据词语进行造句。新闻信息最重要的就是时效性，为了能够与时代发展的脚步保持一致，新闻信息在翻译的过程中除了要符合政治要求之外，还要结合当时的政治背景，所以要对词语随时进行调整。

2.语法的主要特征

第一，新闻翻译过程中，要对语法的时态掌握更加精准。在翻译的过程中，翻译人员为了能够让受众感受新闻事件属于正在进行时，一般都会在标题和正文中采用现在时。

第二，在翻译过程中可以尝试使用一些压缩句。如果新闻信息的篇幅较短，在文字翻译的过程中最常见的语法就是对句型进行有效压缩，但是不能对有价值的信息进行曲解，在压缩的过程中还要注意文章的结构，避免影响新闻信息的完整性。

3.语言的主要特征

不同的语言在表达文字意思时有不同的特点，背景文化也存在一定的差异，所以新闻信息的文本在阐述过程中所用的语言也有明显区别。因此，翻译人员除了要掌握语言特征之外，还要掌握国内外的时事政治，同时也要掌握语言背后的文化，这样才能加强对文本的解读，从而提高新闻翻译的时效性。

（三）新闻翻译的主要原则

翻译最直接的含义就是利用另一种方式进行表达，我国清朝末期著名的翻译家严复曾经提出，在翻译过程中必须遵循"信、达、雅"的基本标准，虽然我国近代的发展速度飞快，但是这一理论在翻译界仍然具有很高的参考价值。严复先生提出的"信、达、雅"之所以到如今在翻译界依然有借鉴之处，主要就是因为无论世事发生怎样的变化，在翻译过程中都不能违背原文的中心思想。这里提出的"信"主要是指在翻译的过程中，除了要将原文的文字信息以及文章风格和作者的观点进行阐述之外，还要掌握原文作者在创作过程中的主要目的以及原文作者想要达到怎样的预期。然而，在实际翻译过程中，"信"对读者和翻译人员都是一件非常困难的事情。完全按照原作者的意思进行翻译只能是相对的，对翻译人员来说，能够尽可能地接近就已经是一件很困难的事情。进行翻译时，文章除了字面意思之外往往承载了国家的文化，如果利用另一种语言将文字和文化完全进行复制确实困难，所以在翻译的过程中要对原文进行深入分析，找到适当的切入点，才能将原文的含义表达得更加清晰。"达"的主要含义是译文必须要保证语言通顺，译文的语句要通俗易懂，读者在阅读的过程中能够快速领悟其中的含义。"雅"在这里主要是审美，"雅"在大部分的背景下都是褒义词，要想在翻译过程中体现"雅"，除了要尊重原文的含义之外，还要将译文进行修饰，这样才能符合大众的阅读习惯，才能使译文更有价值。

（四）新闻翻译的技巧

翻译主要就是利用其他语言对原文进行重新描述，所以在翻译的过程中除了要将字面意思进行翻译之外，还要保持原文的风格，阐述原文的中心思想以及原文对新闻内容的理解。除此之外，在对新闻进行翻译的过程中，还要尽量沿用原文的表达形式，这样才能保证翻译后的新闻信息与原文保持一致。因此，对新闻翻译的技巧进行了简单的总结，主要表现在以下几个方面。

1. 协调宏观与微观之间的关系

翻译人员在对新闻信息进行翻译的过程中，首先要按照宏观角度与微观角度对新闻信息进行分析，掌握新闻信息的政治背景以及中心思想，揣摩原作者对新闻信息所持的态度和理念，只有从多个角度对新闻信息的内容进行研究，才能将原文理解得更加透彻，在翻译的过程中能够按照原文作者的思想和风格进行表述。由于翻译后的新闻信息在受众群体上会发生一定的变化，因此翻译人员也要考虑受众的文化背景，根据受众群体的文化差异将原文中的部分内容进行调整，在保证中心思想和文章风格不变的基础之上进行改动，才能推动新闻信息的有效传播。

2. 掌握文章的核心理念

对新闻信息进行翻译是一项非常复杂的工作，在翻译的过程中对细节的重视程度较高，所以翻译人员必须加强对词组和语句的正确使用。要想通过译文将原文的核心理念进行传递，翻译人员除了要注重语言的语境之外，在用词的过程中还要充分结合上下文，确保译文的连贯性和逻辑性。与传统的文学作品相比，新闻信息的用词非常精准，所以翻译人员在传递核心理念的过程中，要保证译文具备原文的语境，这样才能使译文和原文的核心保持一致。

3. 对行文特征进行揣摩

有些新闻信息的内容比较特殊，在翻译的过程中不能超越语境限度，要严格按照受众群体的需求进行翻译，在这种情况下可以使用归化译法对原文进行翻译。所谓的归化译法主要是指在翻译新闻信息时，要尽可能将原文中的行文特征以及背景文化进行保留和传递。如果有些新闻信息的中心思想是为了和受众建立情感上的共鸣，在翻译的过程中可以按照原文的行文特征进行撰写，在适当的时候对文章风格和语言风格做出一定的调整，确保新闻信息的译文在传递过程中能够引起更多受众的关注。

4. 加强对细节技巧的重视

在对新闻信息的原文进行翻译的过程中，为了能够将事件更加凸显，翻译人员可以采用招眼词对其进行描述，同时也可以利用插入语将新闻事件的背景进行细化讲解，从而提高新闻信息的真实性。然而，无论翻译人员采用哪种形式，都不能改变原文的中心思想，同时还要考虑受众的文化背景和阅读习惯，这样才能使译文更加符合受众的基本要求。翻译人员可以采用编译的形式进行调整，不同地区的受众在关注新闻信息的过程中，侧重点也会存在一定的差异，为了能够提高新闻信息的影响力，翻译人员可以适当进行编译。例如，有些新闻信息的篇幅很长，受众在阅读的过程中因为多种原因并没有关注到新闻的重点，这种情况下翻译人员在不改变新闻内容的基础上，适当地对原文做出一定的缩减。这种方法不仅能够保留新闻信息的主要内容，还能从形式上吸引更多受众的关注。

总之，新闻信息在翻译的过程中，语言和文字是最重要的表达工具，翻译人员通过语言和文字对新闻信息中的各项要素重新进行表达，确保受众能够快速掌握新闻信息的主要内容。新闻翻译涉及了很多内容，在翻译的过程中除了要保证基础内容之外，还要将政治理念进行传递。因此，翻译人员要掌握新闻翻译的主要特征和技巧，这样才能通过新闻翻译提高新闻信息的传播效率。

第七章　翻译学的生态视域研究

由于全球化的大势所趋，学术界思想碰撞的火花激增，"生态翻译学"这一概念也应运而生。该理论涉及生态学和翻译学两个学科的诸多方面，国内外学者从生态学的角度给予翻译新的研究视角，以达尔文"进化论"中的"选择/适应"为原型，研究的主题是"翻译即适应与选择"，其核心为"以译者为中心"。生态翻译学能够以全新的方式对翻译研究做出解释，是一个有机联系的整体。生态翻译学理论从适应和选择的角度阐述了翻译的原则、方法和标准。对一个翻译剧本来说，其多维度改编与选择性改编的结合程度越高，其融合性就越好。该领域的学者认为，译文整合标准越高，质量越上乘。该理论自问世以来深受国内外研究学者的青睐，为翻译研究注入了新的活力。

第一节　生态与翻译

　　生态翻译学理论是由我国著名翻译家胡庚提出的，其从生态学的层面对翻译活动进行了跨学科的分析。生态翻译理论的特点就是需要在翻译过程中对翻译内容的文化环境予以充分重视，强调译者对翻译内容的文化适应，进而在此基础上选择正确的翻译策略和方法。从翻译生态学的认知出发，一般很难将当前文本的生态内涵进行完整的展现和把握。这很大程度上都是因为生态环境复杂的原因造成的，所以既需要考虑语言环境，还需要考虑文化环境的历史背景。总体来说，翻译工作涉及的生态环境是多样且复杂的，需要对文化、社会、作者和语言等多个方面加以注意。根据翻译生态学的观点，译者必须依据实际情况做出适应性选择。对译者来说，所谓译者的适应性选择，就是在从事翻译的相关工作时能够适应文本所处的文化环境，然后根据实际需要，采取科学合理的步骤和措施，适应语言形式，适应双语交际的目的，开发和解释双语文化的基本条件，以便顺利完成语言之间的相互转换。

一、生态翻译

　　生态翻译学是翻译领域所提出的一种新型理论，可以为翻译工作者提供新的研究模式，进一步优化翻译方法，提升翻译质量水平。生态翻译学由翻译适应选择论发展而来，立足于生态学与翻译学的关联性与相似性，并借鉴了华夏文明"天人合一""道法自然"等生态智慧，在国际社会上应用广泛并且获得了其他专业人员的认可。生态翻译学的重点在于从生态角度出发完成翻译，坚持适应以及选择两项原则，要求翻译人员对原文进行分析之后结合自身实践经历选择原文生态环境和生态条件，以此来达到创造性翻译的目的。

二、生态翻译学的内涵阐释

生态翻译学是我国教授胡庚申的原创理论。它并不是一个独立的学科，可以将其理解为生态学与翻译学的结合。20世纪六七十年代，人们对"生态学"的认识，逐渐发展到人类与生态环境的关系上。这使生态学不再仅局限于生物学这一单独的领域，而是遍布于各类学科，研究重心转移到人类与自然界的关系上。在我国的生态文明发展新时代下，胡庚申教授认为生态学与翻译学的结合具有很强的可行性，提出一种具有中国特色的本土翻译理论可谓恰逢其时。

生态翻译学是一种以翻译学科与自然科学的跨学科融合为研究视角，确立了以学科交叉、相似类比、概念移植与系统综观为研究方法来探讨翻译现象的生态范式。自然生态中的整体为"天人合一"，万物生生不息，构成一个和谐统一的系统，引申到生态翻译学中，则表示译文、译者、译境三要素相互关联、合为整体。生态翻译学的理念蕴含两个观点。

首先，翻译生态是原文、译者、译语的平衡统一，包括语言、译文、译者、读者、文化、交际等的整体；翻译则是和谐统一的系统，各个部分相互关联。

其次，翻译过程是译者采用"三维"理论选择出最符合译入语生态的文本。此外，生态翻译学还主张一些理念，如"汰弱留强""适者长存""译有所为"等。

第二节　生态翻译学理论阐释

一、生态翻译学理论简述

随着生态学走出生态界的象牙塔，人们生态意识的不断增强，"生态"维度进入多种社会科学理论，"生态翻译学"也随之应运而生。初闻"生态翻译学"其名，人们不免腹诽，这究竟是什么样的一种理论，为什么"生态"和"翻译"会联系到一起呢？确实，这种理念正式提出之前，在中国是绝无仅有的，"生态翻译学"作为一种全新的理念在十多年前横空出世。不难发现，"生态翻译学"作为跨学科的理论构建，无疑是新颖且前卫的，同时又是难以理解透彻的，那么究竟什么是"生态翻译学"？

清华大学的胡庚申教授曾在2008年给出"生态翻译学"的内涵，他认为"生态翻译学可以理解为一种生态学途径的翻译，抑或生态学视角的翻译研究（translation studies from an ecological perspective）"。从其中的"生态"一词我们便可知，此处的"翻译学"是从生态学的角度来探讨的。此处的生态是一种"喻指"而并非"实指"，其中是将翻译中的"生态环境"喻指为"自然生态"。从翻译学和生态学的角度出发，以翻译适应选择论为基础，"取生态之要义，喻翻译之整体，基翻译之实际"，在翻译界渐渐涌现了"翻译生态环境""适应与选择""译者中心"等一系列既与"生态学"相关，又与"翻译学"密不可分的术语，生态翻译学呼之欲出。因此，我们不难得出，生态翻译学立足于"生态学"和"翻译学"两大学科即"生态范式的译学研究"，旨在以生态主义为指导，以"翻译适应选择论"为基石，从生态学的角度对翻译理论和翻译生态进行综述和研究。

生态翻译学的核心观点较多且不同的人对此亦有不同见解，这里简单介绍几项主要且人们耳熟能详的核心观点，即"译者中心""适应与选择"和"三个维度"。由于生态翻译学是以"翻译适应选择论"为基础，而该理论其中有一项概念就是"译者为中心"，即胡庚申教授所提到的"翻译是'译者适应翻译生态环境的选择活动'"。所以，在适应选择论基础上发展而来的生态翻译学也继承了"译者中心"这一观念。在我的理解中，生态环境或者说是大自然是一个和谐而联系紧密的整体，从达尔文的"适者生存"理论角度来看，人都应是环境中的主体，这一点在翻译环境中也没有例外。所以，在翻译生态环境中，翻译作为一种极富创造性的活动，不再以译文本身为中心，而是以译者为中心。通俗来说，翻译的质量与优劣和译者的个人能力、素养息息相关。

二、生态翻译学的主要内容

（一）生态翻译环境

"生态翻译环境"的概念是在"翻译适应和选择的初步研究"中首次提出的。生态翻译学重视对翻译生命与生态环境之间的相互关联研究，因此任何影响翻译生命境遇与能力发挥的因素，均可作为翻译生态系统的重要组成要素。翻译离不开翻译生态环境，二者相互包容、相互牵制。译者必须尊重原文内在的生态结构，通过对原文的仔细阅读和深刻理解发现这种内在的可译性，从而实现译者与作者以及文本之间的平等交流和对话。

（二）适应与选择

"适应与选择"思想是生态翻译学的主旨思想。"适应性"是指主动适应"翻译生态环境"，让翻译的变化更加自然。"选择"是对译文的格式和语言表达进行选择，或不做任何改变进行相应的转换，最终完成整体。"适应与选择"是一系列的动态平衡，也是一个交替循环的过程。生态翻译学提出，译者被翻译生态环境因素左右的选择活动，背后就是"适者生存""汰弱留强"机制，翻译活动应该在语言维、文化维和交际维之间进行"多维度适应与选择"。

（三）三维转换

生态翻译学将翻译理论总结为三个转换阶段，即文化维度、语言维度和交际维度。其目的是调动译者在翻译时的积极性以及确保翻译的准确性。语言维度包括词法、语篇和语法。译者应该充分了解原文的表达习惯并选择适当的语言风格来适应翻译生态环境。文化维度主要关注源语言和目标语言之间的文化差异。在翻译之前，译者应研究译文背景，适应该语言所属的整体文化体系。从交际维度转变意味着译者需着眼于双语的交流目的，翻译要确保原文的交际意图能够反映出目标文本所表达的含义，进行和完成语言维、文化维、交际维的适应性选择转换。这需要译文不仅能够进行除语言信息之间的传递与语言内容的传递以外，还必须把译文信息传递的侧重点放在沟通的层面和角度上，并考虑在原文中的交流意图如何才能体现在翻译之中。

三、生态翻译学理论要旨

生态翻译学理论由清华大学著名教授胡庚申于 2001 年提出，该理论认为译者作为翻译活动的中心，必须对原文的翻译生态环境（原文、源语和译语系统）做出适应，并以翻译生态环境的身份对译文做出选择。在翻译应用中，译者要在语言维、文化维和交际维中进行适应性选择转换，做出"整合适应度最高的翻译"，追求原文和译文在多维中实现"平衡"与"和谐"。

第三节 生态翻译学理论的应用策略

一、生态翻译学视角下的新闻标题英译

近年来，由于人民生活水平大幅度提高，很多老百姓开始对精神层面有所追求，新闻便成了人们追求精神文化生活的重点。新闻标题是新闻的重要组成要素，标题作为新闻报道的"眼睛"，很大程度上决定了报道的点击率，所以说准确、简洁的新闻标题翻译尤为重要。在全球化的背景下，国人学习英语的数量与日俱增，随着中国国际地位和话语权的提升，越来越多的外国人想要了解中国的发展情况。于是，媒体行业抓住了这一契机，开始推广中英双语媒介，让中国人随时随地都可以方便快捷地学习英语；与此同时，我们也吸引了一大批想要了解中国的外国读者。为了吸引更多的英文读者，译者在翻译新闻标题时可将生态翻译学相关理论运用于翻译实践中，着重关注读者反应，在复杂的翻译生态环境中来进行选择和适应的交替，从而给读者呈现出最佳的译文。从生态翻译学的视角来研究新闻标题的英译，通过"三维"转换法，译者可以有效地选择和判断适合英语新闻标题翻译的生态环境，充分拓展新闻标题英译的新视角，丰富生态翻译学理论在翻译实践中的运用。

（一）新闻标题翻译的生态环境

翻译活动中除了译者以外涉及的一切皆是翻译的生态环境。社会、读者和作者是新闻英语标题翻译生态环境中的重要组成部分。数字化时代的到来和人工智能的不断发展使得中国老百姓对国内外新闻的关注度越来越高，互联网和媒体行业也抓住了这一发展契机，开发了一系列方便快捷、形式多样的新闻移动APP、官微和微博等新媒体来吸引读者的注意力。一则好的新闻标题要做到形式简洁明快，用最少的文字将新闻中的信息告知读者。所以，

风格独特、吸人眼球的新闻标题确实能增加新闻的阅读量。

新闻标题的英译需符合英语语言的表达习惯和目标读者的阅读习惯，译者必须在不改变新闻内容的前提下将标题提炼出来，既可以向读者传达新闻信息，又保留了目标语的语言特色。译者在翻译过程中做出的适应原文与选择译文的交替转换是生态翻译学视角下新闻标题英译研究的关键，所以运用生态翻译学相关理论来指导新闻标题翻译对翻译实践具有重要的指导意义。

（二）"三维"转换视角下的新闻标题翻译

生态环境的多样性决定了译者在翻译过程中要做到适应与选择的统一。译者只有适应多维度的生态环境，在文化维度、语言维度和传播维度之间进行动态选择，才能翻译出吸引人的新闻标题。顾名思义，译者在整个翻译过程中必须在不忽视文化和交际维度的前提下，实现对语言维度的适应和选择。因此，译者须更多地关注目标读者的感受，从整体出发，实现文化、语言和交际这三个维度的统一。

1. 语言维的适应性转换

语言维的适应性选择转换体现在语法、词汇、修辞等不同层面上，可以发生在不同的层次、阶段和方面。新闻标题的一大语言特点在于简单直白，这就要求译者在翻译时把握其特点，选择的翻译方法也应该要凸显原标题中的语言风格和修辞手法。

习总书记接见全军新调整组建的84个军级单位主官并发布训令

China reshuffles 84 corps-level military units（新华网）

在不熟悉新闻内容的情况下，新闻里出现的时态通常给读者一种模棱两可的感觉；另外，英语新闻标题中不定式的使用频率非常高，指代将来时；而新闻一般报道已经发生的事或正在发生的事，此处不宜选择将来时。上例中reshuffle一词用是现在时，表示对一般事实的陈述，有助于吸引读者兴趣，增加对新闻标题的理解。译者在翻译时选择性地删减了原中文标题中一些次要的信息，只把最关键的信息保留了下来。

国产大飞机首飞在即 C919 完成首次高速滑行

China-made C919 passenger jet to take off soon

英汉两种语言在句法、表达和形式上千差万别，所以这要求译者在英译新闻标题时既要兼顾英文表达的习惯和特色，还要将原标题的意思传达到位。"国产大飞机"指中国自主研发生产的飞机，译者通过直译的方法将其翻译为China-made passenger jet，时态为将来时，符合原标题的内容。译者如若将这一标题按照中文标题的语序译出，会给读者一种拖沓沉闷的感觉，字符过多，不符合新闻标题的规范。

习近平将出席并主持"一带一路"国际合作高峰论坛相关活动

The Belt and Road Forum for International Cooperation to be held on May 14 and 15

译者从语言维的视角，适当调整了上例英文标题的选词。英文标题为了体现其客观性、简洁性和准确性，一般会将多余的修饰成分省略，而中文修饰语的使用较为普遍。为了避免英文标题冗长，可将"相关活动"这一部分在英译时删减。"一带一路"的官方翻译是Belt and Road，所以要避免直译。由于汉英两种语言的差异，中英文的音节和字符都不尽相同，在翻译时也不可能面面俱到，因此译者只能最大限度地将主要信息提炼出来，尽可能详尽完整地综述新闻要点。

2. 文化维的适应性转换

文化是我们日常生活中的一种普遍现象，渗透在我们生活的每个方面。在新闻标题翻译时，译者必须考虑文化因素。中国学者胡庚申也曾提出过语言是文化的载体，不同的语言可以反映不同的文化。翻译活动不仅是不同语言之间的交流，也是不同文化之间的交流。译入语文化的可接受性在不同程度上影响着翻译过程，影响着译者对译文的判断和表达。只有当译者确保目标读者能够充分理解译文的内容时，才能算是成功的翻译。笔者将以几个新闻标题为例，分析新闻标题对文化维度的适应。

《西游记》导演杨洁去世网友哀悼：斯人已逝经典长存

Director of memorable TV drama "Journey to the West" dies（中国日报）

《西游记》这一部作品在中国可以说是家喻户晓，老少皆宜。"《西游记》"英译名比较常见的有两个：*Journey to the West* 和 *Pilgrimage to the West*，其在国外还是有一定量的忠实读者。而在这条新闻里，"《西游记》"指的是一部影视作品，如果不加以说明的话可能会给读者在理解上造成一定的负担。考虑到新闻标题的特殊性，译者在翻译时保留了原标题的主要信息，省略了细枝末节的要素。由于新闻标题须简洁明了、言简意赅，原标题中"斯人已逝经典长存"等表达在译入语中就未能再现。

淘宝再上美国"恶名市场"榜

US Puts China's Taobao Shopping Website back on Blacklist（环球网）

上例中出现的"淘宝"是中国的一个线上购物平台，和美国的亚马逊商店有些类似。但是大多数英语读者对这一网购平台并不熟悉，如果译者在翻译时不添加成分来解释"淘宝"一词，那么读者就会因此而放弃点击。出于"文化维"的考虑，译者将标题做了适当的调整，在"淘宝"一词后添加shopping website来加以说明，从而将信息准确地传达给英文读者，这样一来新闻点击率也高了。

"天下第一锅"亮相潍坊口径8米可容40人围坐

Massive hot pot unveiled in East China, can serve up to 40

上例中，"天下第一锅"指中国所特有的大型火锅，原标题中出现了两个数字，而译者在翻译时将"口径8米"这一部分省去，目的是不给读者造成错觉，简洁明了地介绍了这口锅的功用；"潍坊"是山东省的一个市，译者在翻译时直接用East China来代替，减少了读者的阅读障碍。

3. 交际维的适应性转换

实现两种语言在不同文化背景下的交流是译者的职责所在。没有交际功能的信息都是没有意义的。而翻译作为一种以交流为目的的活动，其交际意义就显得尤为重要。随着全球化的不断深入，新闻报道已经成为国际舞台上不可或缺的一部分。因此，新闻标题的翻译必须适应目标语的交际维度，从而达到交流的目的。新闻标题的成功与否在于是否揭示了报道的主题和阅读的预期，除了要实现新闻标题通俗易懂的特点以外，还要体现出自身的特色，体现新闻标题的交际功能。

7岁无臂男孩成双优生

Finding strength through adversity（中国日报）

上述例子的主语是"男孩"，其余的都是些修饰成分。译文只是将新闻中的信息尽量完整地展现出来，传达原标题的交际意图。"7岁""无臂""双优生"等修饰信息在译文中均未出现，译者甚至连改变了原标题的句式和主干信息。由于中英文读者阅读习惯的差异，中英文标题在翻译过程中对信息的提炼也会有所差别。如果按照汉语标题的语序把信息全部译出，会影响英文标题的交际功能。

"箭"在弦上天舟一号20日至24日择机发射（新华网）

China's first cargo spacecraft Tianzhou-1 to be launched

"箭在弦上"是一个中国成语，通常比喻势态到了十分紧张的时刻，一触即发。汉语和英语读者的阅读习惯和方式截然不同。英文读者习惯于客观事实的陈述，无须过多华丽的辞藻，而汉语读者的喜好更与英语读者截然相反，所以原中文标题强调了发射航空飞船势在必行。译者采用不定式被动态翻译此新闻标题，符合原标题的传递意图，但译者未将具体发射时间译出，只传递了中文标题中的基本信息。

电影《花样厨神》曝预告杨紫琼 Henry 同台开撕

Super Junior's Henry Lau talks about new film Final Recipe

上述例子中提到了一个人名Henry，作为韩国偶像男团Super Junior中的一员，中国的电视女观众对他应该不陌生。但由于受众群体是英语读者，所以译者在翻译时特地对他的身份进行了补充说明，以此来博眼球。译者在英文标题中没有沿用原标题的句式，也没再现原标题中的全部信息，只是选择了英文读者熟悉的要素进行补充说明。

互联网的迅猛发展和信息传媒形式的多样化使得网络成为老百姓了解国内外新闻、认识世界的重要媒介。在新闻报道中，新闻标题扮演着十分重要的角色，标题翻译得好与坏直接关系到这则新闻的点击率。因此，从生态翻译学的视角，运用"翻译适应选择论"的理念，结合新闻标题翻译的实例来研究新闻标题翻译的过程和方法确实是明智之举。这类型的研究既有坚实的理论基础又符合生态取向的大趋势，既可以提升译者的综合素质，又可以提高译文的质量，对翻译理论的建设具有一定的意义。

二、生态翻译学视域下的口译

（一）口译中的生态环境

口译作为翻译方式的一个重要分支，在翻译过程中也存在着"生态系统"。但是相较于笔译，口译员面对的生态环境显然要更加复杂，更加富有挑战。口译员在生态环境中如何"适应"以及如何"选择"，更是掌控口译质量的关键。

口译是一种跨文化的交际行为。口译员通常需要现场将听到的信息口头转换成另外一种语言传达给他人，交际目的强、更具即时性，和笔译有明显的区别。因此，口译的译文并不重视美感，更注重的是能否传达出原文的意思，达到交际的目的。

从生态翻译学的视角看来，口译过程中，依然强调"译者为中心"的翻译模式，因此口译的生态环境中包括了译者这个中心、发言人、听众等要素，每一方在生态环境中都各司其职、相互协调、相互作用，维系着口译生态环境的平衡。口译的质量不仅取决于译者本身，更取决于现场各个要素之间是否密切配合，生态环境中的各个要素缺一不可。其中口译员是生态环境中的主体部分，需要根据"优胜劣汰""适者生存"的概念，对口译发挥主体作用，考虑到口译过程中的各个方面。因此，口译员的必备素质第一步就是要培养"译者中心"的意识，对口译的生态环境有着较好的掌控。

（二）口译员对生态环境的适应

前文中提到，翻译生态环境中存在"适应"与"选择"，其中在生态翻译学中适应与选择的基础上，翻译过程中往往使用"三维转换"的方法。其中要求口译员在口译过程中对语言维、文化维和交际维转换从而使得译文更加令听众接受。语言维的转换多表现在语言形式的转换。在口译过程中，往往要将源语信息重组转换为目标语语言，抓住原文中的内容，用合适的语言将其表达给听众。我们可以看下面的一个例子："If we persist in our reform, we will be able to turn our ideas into reality."英文中的逻辑关系和句子之间的关系往往较为清晰，汉语中却需要省略这些关系，因此就需要对语言形式进行转换，正确的译文应为："坚持变革创新，理想就会变为现实。"转换为中文之后，就更加符合中国听众的需求。

　　文化维的转换则更多地体现在两国文化之间的差异方面。翻译与文化密不可分，某些国家文化差异可能会造成沟通上的阻碍。简单举一个例子，"狗"这个意象在中国的含义一直处于负面的地位，包含"狗"的词语和俚语都具有贬义，如"狼心狗肺""鸡鸣狗盗"和"狗咬吕洞宾，不识好人心"等。但对经历过游牧文明的西方国家而言，dog则是一个少具贬义的词，如lucky dog指的是"幸运儿"，clever dog指的是聪明人，old dog则是指极富经验的人。这一个简单的例子足以见两国文化的不同可能会给翻译工作带来很多麻烦，此时便需要口译员在翻译时转换，使源语更加贴近目标语，方便读者理解。

　　口译活动是一种跨文化的活动，所以其主要目的是交际。在口译的过程中，除了准确无误地传达原文所要表达的信息以外，是否达到交际的目的也是衡量口译水平的标准之一。因此，生态翻译学中交际维的适应与转换也显得尤为重要。在某演讲中，有这样一句话 "I will tell you why I believe the opportunities and prospects for Dubai business and investors in our part of the world are bright."出于交际的目的，此句中的in our part of the world不应该译为"世界上我们所处的地方"，而应该联系上下文译为"香港"，或进行补充说明，使得受众更容易理解，更好地体现原文的交际意图。

　　在全球发展的大背景下，生态翻译学的理论为口译的学习、研究和口译员的素质培养提供了一个新颖的角度，同时也吸引了更多口译员对"译者中心"和"翻译生态环境"的关注。在此种理论的指导下，口译员应积极适应翻译生态环境，树立"译者中心"的责任意识，在语言维、文化维和交际维的层面做出"适应性选择"和"选择性适应"，做到"三维转换"，从而为做不同文化之间交流的使者，为促进不同文化间的包容做交流，促成不同文化之间的借鉴，传达出优秀的译文给世界上的广大受众。

三、生态翻译学视角下的汉语文化负载词英译研究

目前，我国经济实力不断提高，国际影响力有所增强，在国际社会上已然塑造了一个负责任的大国形象。文化软实力也是国家实力的重要组成部分，在积极吸收外来文化的同时，也需要坚守中华民族优秀传统文化，汲取文化内涵的精华，重视传播文化，强化人民群众文化自信。通过对各类文化作品进行翻译可以为文化交流提供重要帮助，在翻译工作中文化负载词翻译难度较大，且由于我国传统文化体系结构复杂，文化差异明显，具有多元化的特征，使文化负载词翻译成了相关领域所研究的重点。在汉语文化负载词翻译过程中应当坚持生态翻译学理论，在保证翻译准确性的同时将其中所蕴含的中国文化韵味传递给其他国家，充分发挥翻译工具的功能和作用。

（一）文化负载词

文化内容具有稳定性的特征，会受到地域因素、族群因素以及历史时期等多项要素的影响，各种文化会通过某种载体呈现，而语言是呈现文化的重要载体之一。通过对语言进行分析可以了解某项文化的核心要素，掌握文化现象以及文化内容，而词语是语言构成的基本单位，其中承载着多种不同的文化要素，这一类语言即为文化负载词。文化负载词属于词语，在翻译领域具体指某一文化中特有词语以及术语，拥有排他性的特征，翻译难度较大，翻译行业将该类词语的翻译工作作为重点研究内容。文化负载词如果翻译质量较低很有可能会使相关人员的理解出现错误和偏差，引发文化冲突问题，一直以来是翻译难点，是考察翻译工作者个人能力的关键。

（二）汉语文化负载词英语翻译影响因素

汉语文化负载词包含着民族的各种思维模式，并且会受到地理环境、文化思想的影响，属于整体性思想观念，即将自然以及人之间的关系形成整体，因此在对其进行英语翻译时会受到地区民众思维模式的影响。翻译工作

者是负责汉语文化负载词翻译的主要人员，其思维模式和专业性是影响翻译效果的关键要素，如果其翻译导向存在区域性偏差，则所翻译出的词语的语境效果也会有所差异。当前很多翻译人员在翻译活动中都更加重视针对词语和句子的翻译，没有认识到文化因素的影响，这使得翻译内容缺少文化意境，翻译效果也会有所偏差。翻译人员必须要重视强化自身的文化意识，了解文化差异，在翻译过程中塑造文化意境，更加敏感地发现汉语文化负载词所存在的文化元素，打破以往翻译活动时存在的文化壁垒问题。直接翻译是最为常用的翻译模式，该种翻译方法是将字面意思直接用英语表达出来，但是该种方式会受到原文的限制，在文化差异的影响下其他国家的人员也无法对翻译内容有更加清晰的了解。因此，在翻译时必须要针对直译内容进行再次创造，融入翻译工作者的个人文化情感，渗透文化底蕴，让汉语文化负载词翻译变得更加多元。

（三）生态翻译学视角下的汉语文化负载词英译原则

在生态翻译学的影响下文化负载词在翻译时需要确保翻译内容和原文含义相一致，翻译风格和译文相同，并且翻译内容流畅，可以为其他国家的人开展阅读活动提供重要基础。汉语文化负载词英语翻译时会利用各种不同的方式呈现信息，将文化元素以及其他国家文化进行融合，从而形成翻译文化。文化负载词涉及类型较多，包括语言类、文化类、政治类等。作为翻译人员需要挑选合适的翻译方式，将词语中存在的核心词作为翻译工作核心，以此为基础对文化意境进行构建，加强目标读者对文化负载词的了解效果。在翻译时遵循功能等值原则，重视对文化负载词进行转化，使其可以在翻译内容中形成相同的语境效果，利用夸张排比的方式解决在英语翻译时所出现的文化差异问题，即在保有文化负载词言语特色的基础上打破文化壁垒，提高信息传达合理性。汉语文化负载词普遍具有传神性的特征，直接翻译难以对该种意境进行合理塑造，应当通过舍弃成分的模式对某些词语舍弃，利用语义对等塑造文化意境，充分发挥意译策略的优势。但在舍弃时需要考虑不同成分的影响，如果舍弃不合理很有可能会出现文化空缺问题，在这种情况下应当利用音译策略，以音译的形式将文化负载词展示出来，能够让词语的文化信息性有所保留，也可以对语言结构进行丰富。在文化负载词进行转换时可以将特殊翻译设定为文化意象，提出具备汉语民族特色的词语类型，让读者在阅读时能够充分发挥自身的想象对原文内容进行思考和处理。

（四）生态翻译学视角下的汉语文化负载词英译策略

汉语文化负载词是我国语言文化系统中不可或缺的重要资源，在跨文化交际活动中有着关键影响，在翻译工作中应当重点研究如何将词语内的文化元素以更加逼真的方式传递给其他国家的读者。生态翻译学理论的提出为汉语文化负载词英译提供了有效参考，下面基于生态翻译学理论提出了具体的英译策略。

1. 转换语言维度

语言维度转化是翻译时所关注的重点，在翻译活动中应当对原作的内容进行分析，结合语言形式选择合适的转换模式，坚持适应性选择理念。翻译工作者首先应当对原文内容的词汇、语法、语义以及表达习惯等多类要素实施综合考虑，考虑完毕后从多个角度以及层次出发进行转换。汉语和英语分别属于不同的语系，前者为汉藏语系，后者为印欧语系，语系差异也使得两种语言在表达形式上产生了较大的差异。翻译工作者应当了解原文的语言生态环境，以此为基础选择文本表达模式，在保证可以准确传递原文意义的同时顺应翻译目标语言的表达习惯。在翻译的过程中可以选择直接翻译的模式，如"众人拾柴火焰高"是体现团结力量的俗语，在翻译时可以将其翻译成"The fire burns high when everyone breathing wood to it."即当每一个人都拾起柴火时火焰便会变得越来越高，外国读者也能够精准地了解该种文化语境，感受原文所表达的文化意义。

在汉语体系中包括大量的成语，成语内容丰富、生动形象，具有深厚的文化内涵，在翻译的过程中如果单纯地使用直译方式，则很有可能会影响读者对语言生态环境的理解程度。因此，在对成语进行翻译时可以优先选择意译方式，如"车水马龙"是指车如流水、马如流龙，主要是形容马路上车马很多，景象热闹，如果按照直译的方式翻译这一成语，会将其翻译成为like running water and moving dragon。龙在中西方文化中含义相差较大，在中国语境中龙是高贵和权力的代表，在西方龙则是邪恶以及暴力的体现，如果直接将其翻译成dragon，会出现文化冲突，在翻译时通过意译方式可以将其翻译为heavy traffic，可以让读者更好地了解交通热闹的景象。

2. 转换文化维度

转换文化维度具体是指了解语言所属的文化系统，感受文化生态的特点，在翻译时了解两种语言文化所包括的内涵，以文化内涵为基础对翻译方式进行调整。通过对文化维度进行转化可以让双方对文化元素有更加清晰的了解，避免在文化传播过程中出现过大的差异。作为翻译工作者需要形成良好的文化意识，感受英语以及汉语文化差异和壁垒特点，努力克服翻译障碍，形成跨语言翻译模式，提高跨文化交际质量。例如，状元是我国在封建社会所得出的一个特定文化词语，状元只能被汉语文化系统中的群体理解，即使某些群体了解语言的发音方式，但是也无法理解其内在的含义和特点。因此，在翻译时翻译工作者选择针对状元二字进行解释，即zhuangyuan, top scholar at the Imperial examination。"直到春暖花开的清明节，司马家的十九颗人头还悬挂在福生堂大门外的木架子上"是莫言作品中较为著名的一句话，在翻译时需要关注清明节这一节日，清明节是我国传统节日之一，是祭奠祖先的重要节日。在翻译时将其翻译为"The nineteen heads of the Sima family hung from a rack outside the Felicity Manor gate all the way up to Qing Ming, the day of ancestral worship in the warmth of spring, when flowers were in full bloom."翻译通过注释的方式阐述了清明的节日习俗，而在这一特殊节日中司马家庭的人头仍然被挂在福生堂大门外，充分体现了作者的讽刺意味。

3. 转换交际维度

交际维度具体是指在翻译过程中从交际意图角度出发进行分析，关注人与人之间的交际想法，从而让交际意图在文章中能够得以传达和呈现。翻译出的作品应当考虑读者的认知以及文法知识了解度，尽可能地减少阅读难度。例如，瓷器追求纯净优雅的美，这在青花瓷中体现最为充分，青花瓷是我国所出产的一种瓷器品种，浓缩了优秀的民族文化，但是其中青字无法找到对应的翻译词语。在翻译过程中考虑双方交际意图，翻译人员可以将其翻译成blue and white，可以形象地描绘出青花瓷蓝白相间的典雅特征，将纯白以及优雅青色进行结合可以带给读者良好的视觉效果，让翻译内容可读性有所提高。交际维度转换是生态翻译学理论所坚持的关键，翻译工作者必须要充分考虑交际意识与意图，以此来让译文成为文化传播的主要方式。

目前，世界发展速度不断加快，各国家之间的文化沟通变得愈发频繁，为了能够避免外国文化在我国迅速传播、影响年轻一代价值观念，必须始终坚持文化自信以及文化意识，不断向其他国家传播优秀传统文化。英语是国家之间沟通所使用的主要语言工具，在生态翻译学理论下应当对文化负载词翻译模式进行调整，遵循三维转换原则，从语言维度、文化维度以及交际维度三个角度出发进行合理翻译，提升翻译质量，提高文化传播效果。在今后文化负载词翻译研究中应当重视对文化元素进行深入分析，了解在不同环境下文化元素所表达的特定意义，让英文翻译能够在传播原文意义的同时渗透文化元素，提高文化传播效果。

四、生态翻译学视角下新闻报道中网络热词的英译研究

网络流行语在大环境下兴起，并逐渐形成了一套网络文化体系。生态翻译学研究方法是带有跨学科特征的研究方法，可以拓宽翻译工作者的翻译视角并提供大量的翻译实践。下面以之为主要研究视角，通过对网络流行语的理解和翻译方法的研究，结合网络流行语在新闻报道中的优势和问题，旨在为其他翻译者提供启示。

（一）网络流行语的特点

网络流行语是网络语言的一种，反映一个时代内的热门话题或热门表达方式。网络流行语通常以文字、数字、字母的形式，传播速度快，具有很强的感染力和深远的影响力。网络流行语是在信息时代的背景下产生的新的语

言体系，是一种极为特殊的语言，其具有简洁性、幽默性、形象性等特点。

（二）三维转换视角下新闻网络热词的英译

1. 语言维的适应性选择转换

语言维度的适应性选择转换，即译者在翻译过程中对语言形式的适应性选择转换，这种转换是在不同方面、不同层次上进行的。在翻译过程中，为了给受众带来简明准确的数据信息，译者需要准确地了解其特性，并从各种语言特性中进行选择。

（1）直译法

直译通常是指保留原文的内容，不改变原文的翻译方法。这种翻译的好处是可以准确传达原文文意，也可以留住原文的翻译风格，据统计有70%的文章都常采用直译的翻译方法。例如，国家新闻中，"保障和改善民生"翻译为ensure the well-being of the people and improve their lives，"城乡公共就业服务体系"译为urban and rural systems for providing public employment services。这些热词不需要用特殊的方法来进行翻译，直译即能传递准确的信息。一般而言，若翻译原文的文化影响不大的话，则使用直译法；而当翻译原文具有较大的文化影响且采取直译法无法准确传达信息时，我们往往采用意译法。

（2）意译法

意译法通常适用于中外文化差异较大的文本。例如，上文提到的"扎心了，老铁"，如果我们采用直译法将"老铁"译为old iron，此翻译完全偏离了原文含义，读者读到这里一定会感到奇怪，而通过意译我们可以将其翻译为old fellow，fellow表示亲密的朋友，这样翻译就清晰易懂了。值得注意的是，意译法强调译文本和源文本的语义对等，也就是两个文本之间的语义平衡，这就需要译者在翻译时充分理解源文本的内涵和意义，用最精准且符合该国文化的语言传递给读者。例如，我们熟悉的"打酱油"，如果我们采取直译方法译出来是buy soy sauce，读者一定会产生困惑，不知所云。而翻译为I'm just passing by，读者便会明白这是与自己无关的事，相当于"路过"。所以，在当前网络流行语翻译中，需要运用生态翻译学理论，提高网络用语的环境适应性。

2. 文化维的适应性选择转换

文化层面的适应性选择和转换，即指译者在翻译时的过程中注重对中英文双语文化内容的迁移表达与理解的演绎。通常情况下，翻译者会采用直译的方法传递给读者最易理解、最直接的信息。不过，文化的不同带来的偏差在翻译过程中是必然会发生的情况，一旦出现不能适应原著表述的词语或句型，在直译后添加注解不失为最好的方法。

3. 交际维的适应性选择转换

生态翻译学理论的视角下，交际维度的翻译策略指交际维度的适应性转换。译者在翻译过程中不仅要从语言层面和文化层面进行准确的表达和解析，还要注意新闻稿的交际层面，一定要传达出每一篇译文所要表达的交际意图。通过了解清楚作者的创作意图，准确地进行交际维度转换，使得译文读者和原文读者达成一致的情感共鸣。随着中国的科技进步与繁荣发展，与国际的交流和沟通愈发深入，一些火爆的热词流传到国外从而变成约定俗成的用法，这种就可以直接采用音译法来实现交际意图。例如，2016年出现的一种极受群众追捧的互联网流行语"葛优瘫"，直接翻译为了Ge Yo slouching。还有类似的表达如"单身狗"译为damn single，不仅发音相似，还可以准确表达出原文的意思。在实际翻译中我们必须注意，关于三维转换这三种主要翻译方法的互相交织、互相包容、互相影响。所以，在实际的翻译过程中，不管译者选择哪种翻译方式，都必须结合三维转化理论，避免翻译中出现不符合中西方语言习惯的现象出现。

（三）网络热词在新闻报道中的优势和问题

1. 网络热词在新闻报道中的优势

在传统印象中，新闻的内容大多都是官方严肃的，而热词和流行语的出现加持了新闻的趣味性和幽默性，渐渐地拉近与读者的距离。新闻报道有一些内容仅靠客观的直白地描述是无法传达出其真实的情感的，往往都是用一些冗长复杂的解释来表达，这会大大减少文章的阅读量，网络热词却可以弥补这个情感空缺。比如，"内卷""躺平"，这是一对反义热词，是因当下社会巨大竞争压力而产生的热词。今天的"内卷"只是年轻人对压力环境的一种缓解压力的自嘲，"躺平"也是为了明天的努力养精蓄锐。这两个词语都表达出了年轻人理性看待竞争，积极面对压力的心态。我们将其英译为involution和Lying flat，《华盛顿邮报》就曾将这两个热词描述为"反抗社会"的行为，非常贴切、自然。

2. 网络热词在新闻报道中的问题

新闻报道的类型和题材的区别很大，然而流行语是自发性衍生出的语言，本身就没有规范和限制，如果运用不当不仅会让新闻变得不严谨还会使读者产生歧义，难以理解。另外，新闻不仅是传递信息的媒介，更是传播和宣传正能量和社会价值观的向导。有些报道的内涵和特点也决定了报道内容需要客观严谨，如随意采用带有主观性和娱乐性的网络热词就是不妥帖的，会导致文章走偏从而产生不良影响。

汉语的文化特征非常明显，在选择和使用网络热词时需要思考和揣摩其是否可以体现我们的中华传统文化，翻译工作者需要对网络热词的生态环境有清晰的认识，要合理、有效地翻译网络流行语。新闻报道中的网络热词是流行文化的体现，有待深入的讨论和研究。因此，下面从生态翻译学视角，提出了网络热词英译的研究策略以及热词在新闻报道中的优势和问题，旨在为译者提供新的思路和措施，促进流行语在新闻报道中的运用，从而更好地传播和发展中国网络文化。

五、生态翻译学视域下《伊豆舞女》的拟声拟态词汉译评析

《伊豆舞女》是日本新感觉派代表作家川端康成的早期成名作，该作品全篇字数虽少但拟声拟态词使用频繁。日语拟声拟态词数量繁多且意义多

样，文学作品中各语境下的拟声拟态词词义也千差万别，拟声拟态词翻译对读者理解原作起着重要作用。「日本語を英語や中国語に翻訳しようとすると、日本の擬音語・擬態語に該当する語が存在しないことが多い。そこで、仕方なくそれに近い普通の語に置き換えて翻訳するのですが、そうすると日本の擬音語・擬態語の持っていた情緒が失われてしまうと言います」。处在不同翻译生态环境中的译者要理解作品中拟声拟态词所表达的情绪，适应原文的生态环境，才能达到原著想要表达的效果。笔者从生态翻译学理论角度，对两译本中的拟声拟态词展开分析。

翻译是语言的转换，语言是文化的载体，文化是交际的积淀，语言、文化、交际有着内在的逻辑关系，它们体现了翻译转换的基本内容。这就是说，翻译过程通过语言这一媒介得以实现，翻译同时承载原作品的文化内涵，包含了原作品的交际意图。因此，掌握语言、文化、交际三层面的转换，实现译文高度的三维适应性选择转换，能提升译文的质量。下面从三个维度对译本中拟声拟态词进行实例分析，探讨译本的适应性选择转换程度。

（一）语言维对比分析

生态翻译学中语言维度的适应性选择转换，要求翻译要注意语言形式的多方面转换。在拟声拟态词翻译中，要在理解词语原义的基础上，进行语言风格、结构、语义等多方面的处理转换。

二人が話し出したのを見て、うしろから女たちがばたばた走り寄って来た。（川端，1989）

林译：见我们两人在交谈，女子们从后面啪啪嗒嗒跑了过来。（林少华，2014）

叶译：姑娘们看见我们两人谈开了，便从后面急步赶了上来。（叶渭渠，2009）

此处「ばたばた」原指「面と面が繰り返し激しく当たる音、またその様子。慌てた足音などに使う」。林译运用了汉语的重叠式象声词，翻译为"啪啪嗒嗒"，自然地表达出鞋子在碰撞地面时的声响，这在语言风格和词形结构上都比较接近原文，但在语义方面表现不足，此处背景是女子们急忙上

前问候，表现出迫不及待的心情，「ばたばた」也有"急忙"这层含义，叶译使用"急步"一词虽然没有强调声音节奏，与原文语言风格不对应，但词义表述上更准确地反映出原作所展现的人物心理。

私は心に清水を感じ、ほうっと深い息を吐いてから、ことこと笑った。（川端，1989）

林译：呵呵笑了起来（林少华，2014）

叶译：扑哧一声笑了（叶渭渠，2009）

此处「ことこと」原义是轻轻敲打发出的声音，此处理解为主人公被小舞女活泼可爱的样子逗乐的笑声，反映主人公从担心、郁闷转变为满心欢喜的心路历程，主人公的心灵被小舞女的质朴纯真感染了。因此，"扑哧一声"比"呵呵"更能体现情感的起伏变化，"扑哧"更侧重忍俊不禁的样子，"呵呵"则单纯指笑声。

彼女は眩しそうにくるりと寝返りして、掌で顔を隠したまま蒲団をにじり出ると、…（川端，1989）

林译：她晃眼睛似的咕噜一个翻身，依然捂着脸滑出被窝，……（林少华，2014）

叶译：她有点目眩似的，翻了翻身，依旧用手遮住了脸面，滑出被窝，……（叶渭渠，2009）

此处「くるり」"迅速回转，快速转身"形容动作迅速而短暂。林译为汉语拟声词"咕噜"，形容水流动或物体滚动的声音，将翻身这一动态画面形象地展现在眼前。但"咕噜一个翻身"汉语语序不够通顺自然，此处调整为"她似乎有些晃眼，一咕噜翻过身去"则更符合汉语表达习惯，在适应源语言的生态环境同时，准确传达给目标语读者。

（二）文化维对比分析

所谓文化维的适应性选择转递，即在翻译过程中要有文化意识，克服文化差异造成的障碍，努力保护两种语言的文化生态平衡与和谐，以保证信息交流的顺利实现。要理解日语拟声拟态词的文化性质和内涵，就要适应源语言的文化生态环境，让译作得到目标语读者的理解和接受。

私が指でべんべんと太鼓を叩くと小鳥が飛び立った。（川端，1989）

林译：我用手指咚咚敲了敲鼓，小鸟马上飞了（林少华，2014）

叶译：我用手指咚咚地敲了敲鼓，小鸟全飞了。（叶渭渠，2009）

文中「べんべん」用来形容敲太鼓的声响。太鼓属于日本代表性乐器，在了解太鼓的文化、特点后，得知它与中国的鼓有相似的特征，此处的林译和叶译都把它翻译成"咚咚"这一汉语象声词使得在文化维度上得以"整合适应"。"咚咚"在汉语中形容碰撞声，敲鼓声。但从整句话来看，主人公用手指敲太鼓，而不是手掌或棒子，此时指尖与鼓的接触面很小，不会发出特别大的声音，声音应该是清脆的。因此，"咚咚"一词不符合逻辑。改用"哪嘟哪嘟"更能传情达意。译者在翻译拟声拟态词时，不仅要把握源语文化背景、克服文化差异障碍，还需把握汉语象声词的特征，同时结合上下文，从文章的整体出发，分析原文的情景。

（三）交际维对比分析

翻译过程中交际意图的适应性选择转换，说的是译者除语言信息的转换和文化内涵的传递之外，把选择转换的侧重点放在交际的层面上……追求的是原文和译文的交际生态能够得到最佳的维持和保持。笔者认为就是读懂作者想要表达的深层次含义，进行准确的翻译，使得读者理解原著，达到交际目的。此处的深层次含义理解为拟声拟态词传递的人物感情或内涵，所表达的人物性格特征，反映的社会文化现象。

暗いトンネルに入ると、冷たい雫がぽたぽた落ちていた。南伊豆への出口が前方に小さく明るんでいた。（川端，1989）

林译：冷冰冰的水滴啪嗒啪嗒滴落下来。通往南伊豆的出口在前方闪出小小的光点。（林少华，2014）

叶译：冰凉的水滴嘀嘀嗒嗒地落下来。前面是通向南伊豆的出口，露出了小小的光亮。（叶渭渠，2009）

此处背景是主人公追赶着小舞女们，穿过这个隧道很快就可以相见了。「ぽたぽた」原指「水がしたたる音。また、その様子…水滴がはっきり一つ一つわかる程度に少しずつ落ちる感じ。」，用在原文中表达水滴是一滴

一滴落下的,并且发出嘀嗒的声响,水滴呈缓慢滴落状。结合后文,前方小小的光亮说明隧道较长且环境阴暗,光亮象征着主人公内心的期望。水滴越慢,反衬出的心情越焦急。而叶译"嘀嘀嗒嗒"节奏感更强,给人一种急促之感。林译"啪嗒啪嗒"只强调了声音。笔者认为译成"嘀嗒嘀嗒",既能在语言上形成对应,又能反映出人物心理,让读者理解原文的深层次含义,从而在交际层面上得到适应性转换。

私が急に身を引いたものだから、踊子はこつんと膝を落した。(川端,1989)

林译:我慌忙闪身,她"嗵"一声膝盖着地。(林少华,2014)

叶译:我连忙后退。舞女不由自主地跪在地上。(叶渭渠,2009)

事实上,在具体翻译过程中,语言的、文化的、交际的等因素往往相互交织,互联互动,有时又是很难截然分开的。「こつんと」原指「かたい物同士が軽くぶつかった時に立てる音。…瞬時の響くような音を表す」。叶译"不由自主",膝盖着地时的声响没有体现,语言维度上没有很好地适应性转换。林译"'嗵'一声膝盖着地"虽然符合语境,但不够通顺且缺少汉字音节。改为"'扑通'一声膝盖着地"会更加自然。在交际维度上「こつんと」暗含当时文化背景下舞女身份低下。小舞女很自然地跪下给主人公拍灰尘,原作也有多处描写人们对舞女们的态度和语气,体现了当时的人们普遍的思想意识。因而,叶译"不由自主"在交际层面上适应性转换度更高。

综上所述,《伊豆舞女》中拟声拟态词翻译问题上,林译和叶译在语言、文化、交际层面的转换都各有所长。语言维度上,林少华译本在语言上更符合原词结构,遵循了原作者的语言风格,而叶渭渠译本更偏重于语义的准确表达。文化维度上,两译本的文化意识有所欠缺。交际维度上,叶渭渠译本更能传达出原作的深层次内涵,传递了拟声拟态词反映出的社会文化现象,交际维的适应性转换度更高。因此,生态翻译学对日语拟声拟态词的汉译有着重要的指导作用,善于应用生态翻译学理论,对日语拟声拟态词进行多层面考虑,结合原文语境,从而保持原文和译文的生态平衡,才能让拟声拟态词在文学作品中真正起到作用。

第八章　翻译学的技术视域研究

　　传统的翻译过程仅仅依靠纸笔与工具书就能完成，但是随着信息技术（尤其是计算机和互联网）的飞速发展，翻译过程和翻译方式也被信息化和数字化，因为现代的翻译过程往往是从开始到结束都离不开各种技术、工具或软件的辅助，甚至完全不需要人工参与。由于信息时代的信息大爆炸，跨语言的交流、信息交流、文化互鉴的需求越来越多，如果没有翻译技术的辅助，是完全无法实现的。因此，翻译技术服务愈发重要。本章就对翻译学的技术视域展开分析。

第一节　技术与翻译

一、翻译技术的定义

因为翻译技术尚属新兴研究领域，关于翻译技术的定义，国内外许多学者（如Melby、Kenny、Hutchins、张政、钱多秀、王华树等）对其进行了界定，仁者见仁，智者见智，尚未达成一致。笼统而言，可分为广义的定义与狭义的定义。

广义上，在翻译实际工作、翻译研究、翻译教学中使用的和可能使用的各种技术、工具、语料库、软件以及电子资源统称为翻译技术。换言之，翻译技术可以是某种技术、工具或软件，或是语料库，或是在线翻译网站和机器翻译系统，或是云平台，甚至是翻译教学设备等。也就是说，翻译技术既可用于译前准备，如编码处理与文字转换软件、可译资源提取工具、文字识别软件、项目任务分析与报价工具等；或译后，如自动化质量保证、翻译工作量统计、语言资产管理等；更可以用于翻译过程，如翻译记忆软件、语料自动对齐、术语管理软件、机器翻译、项目进度监控等。

狭义的翻译技术一般要么指机器翻译技术，要么指计算机辅助翻译技术。机器翻译通常指以机器自动翻译为主，人工译后编辑为辅的翻译技术；但有时最狭义的机器翻译是指完全没有人类操作干预的情况下机器独立进行翻译的技术与工具，即使用计算机程序将文本从一种自然语言自动翻译成另一种自然语言的技术与工具。

机器翻译技术和计算机辅助翻译技术两者的区别在于翻译过程中是机器主导还是人工占主导，或者翻译过程中人工（译者）的参与程度或干预程度如何；前者为"人助机译"或"完全机译"，而后者为"机助人译"。目前，翻译技术产业中的主要产品，如国外的SDL Trados、MemoQ，以及国内的传神TCAT、雅信CAT、雪人CAT等工具均属于计算机辅助翻译技术。

二、翻译技术的发展历史

翻译技术的发展历史并不长，但发展迅速。从1947年至今的发展过程，可分为以下四个阶段。

（一）1947年到1983年，萌芽期

翻译技术源于计算机的发明，始于机器翻译的研究。世界上第一台计算机ENIAC被发明的次年（1947年）洛克菲勒基金会（Rockefeller Foundation）主席Warren Weaver和伦敦大学Birkbeck学院的Andrew D. Booth首次提出要使用最新发明的计算机来进行语言翻译。1949年，Warren Weaver写了一则备忘录，勾画了机器翻译的发展前景，史称"Weaver备忘录"。1954年，乔治敦大学的Leon Dostert和IBM的Peter Sheridan使用IBM701展示了俄语—英语的机器翻译，这一举动成为翻译技术历史上的一个里程碑。

但美国的自动语言处理咨询委员会（Automatic Language Processing Advisory Committee，ALPAC）于1966年发布了一篇题为《语言和机器：翻译与语言学中计算机》[①]的报道，指出"有效的机器翻译前景不乐观"。由于机器翻译的费用是人工翻译的两倍，因此无法满足人们的需求。委员会建议终止机器翻译研究，因为"高品质的全自动机器翻译在很长一段时间内还无法实现"，而计算机辅助翻译效果更好、更快，也更廉价，因此机器翻译应向计算机辅助翻译转移，从而促成了计算机辅助翻译的诞生。

20世纪70年代晚期到80年代之间，计算机辅助翻译的重要概念"翻译记忆"及其工具被发明，开始了计算机辅助翻译技术的探索。但由于受限于当时计算机硬件（如有限的储存空间），双语数据库造价过高等因素，翻译记

[①] ALPAC (Automatic Language Processing Advisory Committee) (1966) Languages and Machines: Computers in Translation and Linguistics, A Report by the Automatic Language Processing Advisory Committee, Division of Behavioral Sciences, National Academy of Sciences, National Research Council, Washington, DC: National Academy of Sciences, National Research Council, 1966.

忆技术仍处于探索阶段。因此，在这个阶段尚未出现一个真正的商业化计算机辅助翻译系统，翻译技术也无法对翻译实操和翻译产业产生实质的影响。

（二）1984年到1993年，稳定发展期

1984年，第一批计算机辅助翻译公司成立，如德国的Trados和瑞士的Star集团。Trados GmbH的创立被视作是计算机辅助翻译稳定发展时期的起点。随后，1988年IBM日本分公司推出了ETOC工具（实际上是一种改良版电子词典）。同年，TRADOS公司发布了TED，两年后，又发布了第一版MultiTerm，而其第一个商用系统TRADOS于1992年发行，标志着计算机辅助翻译系统商用化的开始，也标志着计算机辅助翻译技术的区域扩张的开始，因为在1992年不同国家（如英、美、德）均取得了计算机辅助翻译技术研发的突飞猛进。

（三）1993年到2003年，快速发展期

计算机辅助翻译技术的快速发展主要体现在以下方面。

1. 更多商用计算机辅助翻译系统的出现

1993年前，市面上只有3种商用计算机辅助翻译系统。而在1993到2003的10年间，出现了约20个系统，包括了知名的Déjà Vu、Eurolang Optimizer、Wordfisher、SDLX、ForeignDesk、Trans Suite 2000、雅信CAT等。这意味在这一时期，商用计算机辅助翻译系统有了6倍的增长。

2. 更多内置功能的开发

第一和第二阶段的计算机辅助翻译系统通常只配备基本组件，如翻译记忆工具、术语管理工具和翻译编辑器。而第三阶段的CAT系统开发了更多的功能，并逐步将更多的组件集成到其系统中。在开发的所有新功能中，对齐、机器翻译和项目管理的工具最为重要。

3. 以windows操作系统为主导

1993年前，计算机辅助翻译系统不是基于DOS系统就是基于OS/2系统。在1993年，这些系统的windows版本被首次推出，之后成了主流。

4. 更多文本格式的支持

该时期的计算机辅助翻译系统可以借助过滤器或直接处理更多的文本格式，包括Adobe InDesign、FrameMaker、HTML、Microsoft PowerPoint、Excel、Word、QuarkXPress等格式，2003年后甚至包括PDF格式。

5. 支持更多语种

理论上讲，翻译记忆工具应支持所有语种，但早期的计算机翻译辅助系统并不支持所有语种。例如，1992年的Translator Workbench Editor只支持5种欧洲语言，如德语、英语、法语、意大利语和西班牙语。而IBM公司的Translation Manager/2能支持19种语言，包括中文、韩语和其他OS/2兼容字符代码集。这要归功于Unicode的公布与推广，为文本数据的处理、储存和交换提供了基础，使得计算机辅助翻译系统得以逐渐解决语言处理中的问题。基于Unicode的翻译系统迅速出现，如1999年的Transit 3.0，2000年的MultiTerm和WordFisher，2001年的Wordfast Classic 3.34和2002年的Tr-AID 2.0和MultiTrans 3。

6. 以Trados公司为市场引领者

Trados公司作为计算机辅助翻译行业的鼻祖，在此阶段成长为市场的引领者。截至1994年，公司开发了一系列的翻译软件，包括windows和dos版本的Translator's Workbench、MultiTerm Pro、MultiTerm Lite和MultiTerm Dictionary。它的翻译记忆技术和文本格式被广泛应用，产品成为行业最受欢迎产品。

（四）2004年至今，全球发展期

技术的进步使得计算机辅助翻译系统功能更加强大。过去的十几年中，

在大部分老系统升级的同时,将近30个新系统被推出。无论是从功能、操作系统还是价格上,都为消费者提供了更多的选择。

此阶段最重要的变化是全球化,即除上述传统强国之外的其他国家也发展出了著名的计算机辅助翻译公司,推出了一些翻译软件。例如,匈牙利的Kilgray翻译技术公司推出的MemoQ,日本的Rozetta公司推出的TraTool,波兰的AidTrans软件公司推出的 AidTrans Studio 1.00等。此阶段还呈现出以下重要趋势。

1.与Windows操作系统和 Microsoft Office 软件的系统兼容性

在目前市场现有的67个计算机辅助翻译系统中,只有一个不是基于windows系统的。为了兼容,计算机辅助翻译系统必须与windows操作系统和微软office软件同步发展。以2007年4月发行的Wordfast5.51j为例,在windows Vista发行的3个月后,该公司迅速推出了wordfast 5.90v版,以支持微软office word 2007和2010。

2.计算机辅助翻译系统中集成了其他工具

此阶段开发的系统集成了项目管理、拼写检查、质量保证和内容控制等功能。以 2011年9月发布的SDL Trados Studio 2011为例,它具有适用于更多种语言的拼写检查功能,以及包含 PerfectMatch 2.0工具,以跟踪源文档的更改。

3.基于网络的在线系统

由于信息技术的快速发展,此阶段的大部分计算机辅助翻译系统都是基于服务器、基于网络,甚至是基于云系统的。2012年年底,市场上共有15个基于云的,对个人和企业开发的计算机辅助翻译系统,如Lingotek Collaborative Translation Platform、SDL World Server 以及 XTM Cloud。

4.采用行业新格式标准

由于不同的计算机辅助翻译系统采用不同的格式（Déjà Vu X 采用dvmdb格式,而SDL Trados Translator's Workbench 8.0则采用tmw格式）,因此不同的系统间的数据交换总存在困难。这些系统的格式无法相通，从而无法实现数据共享。本地化行业标准协会（LISA）在其停止运营之前，一直致力于开发和促进数据交换标准的运用，它主导推广了SRX、TMX、TBX和XLIFF等数据交换标准。据预计，行业标准的统一是未来数据交换的发展方向之一。

三、计算机翻译技术的历史发展进程

（一）起步期（20世纪40年代至20世纪90年代）

自电子计算机进入了日常经济社会领域中，部分学者就开始探讨用计算机代替传统人工翻译的尝试。美国科学家瓦伦·维佛第一次提出计算机翻译的设想，1954年美国佐治亚州立大学与IBM公司进行科研攻关，成功开展了用计算机实现英俄互译的机译实验，开启了计算机翻译的先河。我国翻译学界也与科学界相结合，将计算机翻译技术纳入科学攻关发展规划中，1957年我国相关研究院所也完成了英俄互译的机译实验，这就意味着我国计算机翻译技术的发展也正式起步。

虽然计算机翻译技术已经起步，但是毕竟当初计算机硬件设备较为落后，这些翻译操作依然处于低水平阶段，普遍只能进行直译法，难以对汇编语言进行深度翻译处理，翻译出来的文章差错率较高，使得教育学界对这种技术的发展前景充满了疑惑，因此，这项技术的更新力度较慢。尽管随着国际交往的日益频繁，各个国家对翻译人才需求数量持续增加，高校语言学院培养的翻译人才远低于国际社会需求，一些国家又加大了对计算机翻译技术的科研攻关力度，大量资金的投入、计算机性能的更新等。一些大型跨国公司陆续开发了计算机翻译系统，我国也把计算机翻译系统的开发纳入了重点科研攻关项目，先后研制了"KY-1"英汉机译系统与"863-IMT"英汉机译系统等，标志着计算机翻译技术出现了巨大突破，但是由于翻译成本较高，这项技术并没有进入到普及应用阶段。

（二）普及应用期（20世纪90年代至20世纪末期）

20世纪90年代到2000年以来的10年，是计算机翻译技术的普及应用期。随着经济全球化的快速发展，地球村概念的提出，互联网的开始广泛适用于商业与日常生活领域，人类社会的交往频次大幅度提升进一步加速了对翻译人才的需求，翻译业务量也大幅度提升，这些因素共同推动了计算机翻译技术的快速发展，科研学界集中对大规模文件翻译处理技术进行攻关，1993年IBM公司推出了基于词语对齐的翻译模型——现代统计机器翻译方法，这就为计算机翻译技术的广泛使用奠定了坚实的基础。但是，临近2000年年关时，社会各界对计算机领域出现的千年虫问题产生担忧，对这项技术的未来使用也充满了一定的忧虑。

（三）黄金使用期（21世纪初期至今）

21世纪以来，人类社会顺利越过千年虫这一关口，使得全世界对计算机行业发展的担忧一扫而空。随着经济全球化进入了不可逆转的过程，全世界几乎融为一体，加之互联网技术的飞速发展，计算机与互联网深度结合而促进人工智能、大数据、云计算等技术形态的出现，计算机翻译技术进入了黄金使用周期，人工智能技术的发展、智能机器人的出现，使得计算机翻译从统计机器翻译模式升级到神经网络机器翻译模式，翻译效率大为提升、翻译成本也大幅度降低，更为重要的是翻译质量也大幅度提升，几乎不亚于人工翻译，但是比人工翻译更为迅速、便捷，因此，计算机翻译技术受到各行各业的欢迎，积极适用于每一个行业之中。我国相关互联网企业巨头也抓住了这一机遇，在计算机翻译领域加大了资金与技术投入力度，取得了可喜的成就，一大批机器翻译系统纷纷让用于提供了几乎免费的机器翻译服务，如百度、有道、译星、雅信、通译等。

四、机器翻译和人工翻译的关系

随着科学技术的发展，机器翻译取得了显著的进步。在面对加急处理的文件以及原文中庞杂的信息时，人工翻译工作者很难做到在短时间内高质量地产出译文，此时机器翻译速度快、成本低等优势就能够体现出来了。另外，当原文涉及医疗、金融、科技等具有专业性的知识时，对译者各方面的知识储备要求很高，而译者的语言能力是有限的，因此翻译起来会比较吃力，而机器翻译基于庞大的语料库，能够快速且准确地对专业词语做出翻译。

然而，机器翻译也仍然存在很多局限性。按照严复先生提出的"信达雅"的翻译要求和原则来看，目前机器翻译的水平基本上只能达到"信"，而在"达"和"雅"层面显然不能与人工翻译相提并论，这也是制约机器翻译发展的瓶颈。

而人工翻译能够在理解的基础上进行翻译，会考虑到不同语言在习惯表达上的差异，能更准确地翻译双关语、隐喻、口号等，译后还需要进行检查、修改，以确保译文达到最高的准确率。充分认识机器翻译和人工翻译各自的优劣有助于我们更好地利用机器翻译。在翻译过程中，译者可以充分利用机器翻译的提示功能，借鉴和参考机器翻译的词语、术语、句式或在机器翻译的基础上进行审查、修正、润色。机器翻译出现明显错误的地方，译者更需谨慎处理、反复推敲，从而做出准确清楚的表述。基于机器翻译提供的大数据情报，译者可以进行分析对比，呈现出更好的译文。这也就是我们所熟知的译后编辑。在译后编辑的过程中，译者可以利用机器翻译的回译核查功能，使用机器翻译对译文进行回译，对译文进行核查。而人工修改后的译文，可以重新交给机器进行学习，充实语料库，进一步提高翻译质量。

不可否认，机器翻译正在不断地进步和发展，它的便捷性、高速度和低成本不可忽视。机器翻译的发展确实给翻译行业带来了一定的冲击，很多人在对机器翻译相关知识一知半解的情况下就对"机器翻译将取代人工翻译"的言论过于焦虑。作为语言学习者，应正确认识机器翻译，人机协同作业将成为行业的新趋势。虽然机器翻译存在很多局限性，缺少人类的内心情感与对语言的理解能力，翻译结果的可信度仍有待提高，但它能够在多个方面给译者提供一些有价值的参考，发挥提示、回译核查作用，进一步促进人工翻译的效率和质量，而人工翻译也为机器翻译提供了越来越多的语料，以促进机器翻译的进一步发展。

第二节　技术翻译学理论阐释

一、翻译技术的常规分类

按照不同的分类标准，翻译技术可以分成不同类别如下。

（一）翻译过程中人工（译者）的参与程度或干预程度

按照翻译过程中人工（译者）的参与程度或干预程度划分，翻译技术可分为：（1）全自动机器翻译（fully automatic MT），又称作无人工辅助的机器翻译，或直接称之为机器翻译，在全自动机器翻译过程中，翻译引擎在完全没有人类操作干预的情况下进行独立翻译。全自动机器翻译有时被视作"批处理"翻译系统，因为它把整个待译文本作为一个任务来处理；（2）人工辅助的机器翻译（human assisted MT，HAMT），也称为交互式机器翻译，译者对机器翻译过程进行干预，以解决源语言文本中存在的歧义问题，或帮助机器选择最合适的目标语言单词或短语；（3）机器辅助的人工翻译（machine assisted human translation，MAHT），计算机程序用于帮助译者进行翻译，主要的MAHT形式是计算机辅助翻译（CAT）。

（二）适用范围

按照翻译技术的适用范围（即为通用领域还是特定领域服务）划分，翻译技术可分为：（1）通用翻译技术，指能用于翻译任何主题或行业领域中文本的通用系统，如它们可用于以某种外语获取网页所包含的各个领域信息的要点；（2）定制或专用（Customized or Special-purpose）翻译技术，为某个特定区域或行业领域的用户提供特定行业领域、特定专业或特定话题的翻译。一般而言，定制或专用翻译技术比通用翻译技术的质量更高，更有效。

（三）在翻译过程运用的阶段

基于翻译技术在翻译过程使用的阶段不同，也可对各种翻译技术进行分类。翻译过程可被分为三个部分，即接收源语言文本、语言转换以及形成目标语言文本，因此翻译技术与工具也可被分为三类：其一，源语言文本接收阶段涉及的翻译技术，包括术语库（Terminology Databases）、接收理解源语言文本所用的字典工具（Reception Dictionaries）、电子百科全书（Electronic Encyclopedia）、百科知识数据库（Knowledge Databases）以及文本分析工具（Text Analysis Tools）；其二，语言转换阶段涉及的翻译技术，包括翻译记忆库、本地化工具以及机器翻译；其三，形成目标语言文本阶段所涉及的翻译技术，包括术语库（Terminology Databases）、形成目标语言文本所用的字典工具（Production Dictionaries）、电子文库（Electronic Archives）、自建语料库（DIY Corpora）以及翻译文库（Translation Archives）。

（四）系统架构或方法

按照机器翻译系统采用的系统架构或方法划分，机器翻译又可细分为：基于规则的翻译（Rule-based MT，RBMT）以及基于语料库的机器翻译（Corpus-based MT）。基于规则的机器翻译系统基本上是基于各种语言规则来进行语言转换。虽然基于语料库的机器翻译已经成为主流的机器翻译系统开发技术，但是在机器翻译的市场上，还是以传统的基于规则的机器翻译系统为主，大多数商业机器翻译系统仍然使用基于规则的开发技术。其部分原因来自两种方法之间的主要差异：基于规则的系统往往更容易维护，因此可以通过更改系统正在使用的语言"规则"来修复以往翻译过程中重复出现的问题，但其主要的缺点是它需要语言学专家通过多年的努力才能实现语言规则改进。而基于语料库系统的优势在于它们可以更快地开发。只要收集并建立好了双语平行语料库，很快（往往只需几天）就可以建立机器翻译系统，但是其缺点在于：一旦它被启动并运行了，就不能轻易地对其进行微调。

基于规则的机器翻译系统的开发和运行往往采取两种方法：直接方法和间接方法。在20世纪80年代之前开发的机器翻译系统主要是采用直接方法。它们在双语词典所列出的词语条目以及词语形态分析的基础上，将源语言的词语转换成目标语言的词语。它们所进行的翻译通常是逐字翻译，而不对源语言文本的句法结构或词与词之间的意义相关性进行过多详细分析，然后根据目标语言文本的形态和句法规则对目标文本进行一些基本的调整。这是机器翻译的最原始的方法，但一些商业机器翻译系统仍然在使用此方法。

直到20世纪80年代，系统架构更加复杂的间接方法才成为机器翻译系统的主流框架。使用间接方法的机器翻译系统的翻译引擎首先分析源语言文本的句法结构，以识别单词结构（形态）和句子结构（语法），以及解决歧义（语义）问题，然后基于分析结果创建一个对源文本原始意义的抽象表征的中间文本，并基于此生成目标语言文本。根据中间文本的性质，可以将间接方法再细分为：基于转换的方法（Transfer-based approach）和基于中间语言的方法（Interlingua approach）。

基于转移的机器翻译包括三个基本阶段：（1）对输入的源语言句子进行形态分析和句子结构分析，将其用一个仍然保留源文本深层结构特征的形式意义表示（句法树）；（2）将源文本的句法树"转移"为符合目标语言深层结构特征的意义表示（句法树）；（3）基于该句法树生成目标句子。当今大多数的主流商业大型机器翻译系统，包括METAL，SYSTRAN和Logos，都采用这种方法。

而基于中间语言的机器翻译则使用"中间语言"，也称作枢轴语言（pivot language）来创建源文本意义的抽象表征。理想情况下，中间语言是一种独立于源语言和目标语言的意义表征，基于它，机器翻译系统可以产出各种不同语言的目标文本。因此,翻译过程包括两个基本阶段:首先,分析模块将源文本"转换"为中间语言,然后,生成模块将中间语言表征转换为目标语言文本。这种方法最明显的优点是,对于涉及多个语言对的翻译任务,不必为每个语言对创建转移表征(句法树)。但缺点包括:其一,中间语言用于为源语言提供从源语言的语法中抽象出来的语义表征,然而,找到独立于源语言以及目标语言的语义表征是一项极其困难的任务,通常涉及众多困难的抉择,如应采用何种语言作为中间语言(自然语言,人造语言或逻辑语言);其二,分析模块将源文本"转换"为中间语言的过程非常复杂,必须挖掘和分析源语言文本的语义层级;其三,生成模块将中间语言表征转换为目标语言文本的过程也非常复杂。

正如表8-1所述,基于语料库的机器翻译可以细分为基于统计的机器翻译和基于实例的机器翻译。在基于统计的机器翻译(SMT)中,双语平行语料库中的单词和短语(单词序列)被对齐,作为词—词配对和短语—短语配对的频率的"翻译模型"基础,具体涉及为每个源语言词语选择目标语言中最可能对齐的词语,以及基于单语"语言模型"确定所选词的最可能序列。根据其配对的层级深度,基于统计的机器翻译又可细分为基于词语的、基于短语的、基于层次短语的以及基于语法的(串—树,树—串,树—树)。由于其翻译引擎是以语料库为基础的,因此构建高质量的双语文本语料库对SMT的成功至关重要。因此,其优点在于:如能建立高质量的双语平行语料库,则机器翻译的质量就会比较高;另一优点就是非常容易建立机器翻译系统,在语言资源充足的时候,几个小时内就可以完成一种全新的机器翻译程序。但其缺点包括:一方面,人类既有的知识不容易加入机器翻译系统;另一方面,翻译过程不够直观,不易于理解、解释以及改进。

而基于实例的机器翻译(EBMT)系统同样使用双语平行语料库作为其基础。它的原理是:翻译句子的时候参考句对齐语料库中最相近的原有翻译句子来处理,即将输入的源文本与语料库中的典型翻译实例进行比较,提取最接近的匹配,并将它们用作目标文本的模型,从而产生翻译。因此,翻译过程分三个阶段完成:第一步,匹配,即在平行语料库中查找与源文本句子匹配的实例;第二步,对齐,即决定相应翻译实例的哪些部分将被重用;第三步,重组,即将这些部分以符合句法(或语法)的方式组合在一起,产出目标语句子。此过程类似于基于翻译记忆库（TM）的翻译过程。根据转换的层级深度，基于实例的机器翻译又可细分为浅层的词语级别转换、形态分析转换和词性转换以及基于语法树的深层转换。

表8–1　按照系统架构的机器翻译分类

类别名称	具体解释		
基于规则的机器翻译（Rule-based MT, RBMT）	基于规则的机器翻译系统基本上是基于各种语言规则来进行语言转换。此类机器翻译系统的开发和运行往往采取两种方法：	直接方法	
		间接方法	基于转换的方法
			基于中间语言的方法
基于语料库的机器翻译（Corpus-based MT）	直到20世纪90年代，研究人员才开始探索利用已翻译文本的语料库进行机器翻译，但已经成为未来发展的主流方向。基于语料库的机器翻译可以细分为两类：	基于统计的机器翻译	
		基于实例的机器翻译	
基于混合方法的机器翻译	SMT + EBMT: 基于短语的、层次短语的统计机器翻译		
	EBMT + SMT: 自动添加语义资源库，自动词族聚合		
	Transfer-based + SMT: 自动学习规则，自动学习辞典，规则添加统计概率信息		

鉴于不同系统架构方法各有优劣，目前，业界趋于混合使用以上系统架构方法来设计机器翻译系统，如SMT + EBMT、EBMT + SMT以及Transfer-based + SMT。

（五）功能

按照翻译技术的适用范围（即为通用领域还是特定领域服务）划分，翻译技术可分为翻译项目管理技术、翻译协作技术、字数统计技术、机器翻译技术、质量控制技术、翻译记忆技术、术语管理技术、本地化工程技术、语料库技术等，不一而足。

二、语料库翻译学深度研究

（一）语料库翻译学的研究现状

何春艳、罗慧芳对中国知网（CNKI）1993—2020年国内语料库翻译学研究文献进行知识图谱分析，得出国内研究主要聚焦在三个领域：译学研究语料库建设、翻译语言特征研究和应用翻译研究。[①]以下将对这三个焦点内容进行综述。

（二）译学研究语料库建设

翻译学语料库是进行翻译学研究的物质基础，翻译语料库建设研究包括理据研究和实证研究：前者包括语料库研制、技术工具研究和语料库介绍，为各类语料库的建设提供了理据支撑，代表性成果有王克非论述了超大型双语平行语料库的设计与研制问题；[②]后者集中在语料库研制和技术工具应用，一些学者为开展特定领域研究研制了专门语料库，代表性成果有黄立波介绍了中国现当代小说汉英平行语料库的设计理念、设计原则、语料采集与加工，以及在此语料库基础上已进行的翻译文体考察，[③]汪定明和李清源为推动《老子》英译和研究专门创建汉英翻译平行语料库，[④]邹瑶、郑伟涛和杨梅创建冬奥会冰雪项目英汉平行语料库，解决2022年冬奥会各大赛事的语言服务与翻译问题，进而促进体育类语言服务人才的培养[⑤]。

---

① 何春艳，罗慧芳：《国内语料库翻译学研究动态的知识图谱分析（1993-2020）》，《中国科技翻译》2020第4期。

② 王克非：《中国英汉平行语料库的设计与研制》，《中国外语》2012第6期。

③ 黄立波：《中国现当代小说汉英平行语料库：研制与应》，《外语教学》2013第6期。

④ 汪定明，李清源：《＜老子＞汉英翻译平行语料库建设》，《上海翻译》2013第4期。

⑤ 邹瑶，郑伟涛，杨梅：《冬奥会冰雪项目英汉平行语料库研制与平台建设探究》，《外语电化教学》2018第5期。

（三）翻译语言特征研究

学者多以词语特征为切入点进行显化研究，少量以句法特征为切入点，李红英、肖明慧、王永祥对汉英翻译中的连词显化现象予以研究。规范化研究的切入点为词汇、句法、语篇等方面，关注点比较均衡。随着语料库技术的逐渐完善和语料库翻译学研究领域的扩大，语言发展研究成为规范化研究的焦点，秦洪武和王克非基于自建的英汉双语历时复合语料库，以词语、词组和句段长度为切入点考察了现代汉语演化过程。① 翻译文本特征研究均为实证研究，其中以研究词汇特征为主，切入点包括形符类符比、词汇频率、词类分布，如石秀文和管新潮基于双语平行语料库分析了《中国能源问题研究》英译本的词语翻译特色。② 句法特征研究集中于高频词、平均句长、结构容量，近年来，语义韵、结构容量以及语篇研究引起学界关注，夏云和秦洪武基于英汉翻译历时类比语料库，以"介词……方位词"考察了翻译语言和原创语言的结构容量，③ 赵宇霞基于自建语料库，从词汇、句法、语篇层面对比傅雷、韩沪麟和郑克鲁三个《高老头》的汉译本来分析傅雷的翻译风格。④

（四）语料库翻译学的发展趋势

国内语料库的理论研究和实践发展都取得了丰硕成果，但与国外语料库研究相比，国内的语料库研究还可以从以下方面得到提升，下面主要结合上文提出的国内语料库焦点话题研究的不足并提出几点建议。

首先，目前国内翻译小型语料库建设屡见不鲜，大型语料库多为介绍性

---

① 秦洪武，王克非：《对应语料库在翻译教学中的应用：理论依据和实施原则》，《中国翻译》2007第5期。

② 石秀文，管新潮：《基于语料库的汉英词语的翻译特色研究》，《上海翻译》2015第4期。

③ 夏云，秦洪武：《翻译与现代汉语结构容量的变化——以"介词……方位词"结构为例》，《外国语》2017第6期。

④ 赵宇霞：《基于语料库的傅雷翻译风格新探：语言与情感的融合》，《外语电化教学》2022第2期。

研究。

其次，目前国内语料库翻译语言特征研究研究成果过于关注共性的显化研究，忽视了翻译语言和翻译活动的个性化研究，且基本从初级的语言学理论开展，语料库与翻译认知相结合的研究鲜少，因此应该加强推动语料库和认知科学与翻译研究等的结合，在语言认知、机器翻译、人工智能、言语障碍治疗等领域开展新颖的研究。

最后，国内语料库的应用翻译研究集中在高校英语翻译教学，对此高校应保证资金支持，强化专任教师的语料库信息技能，开展多元化的教学组织形式，深化产学研的合作，为学生创造充分的翻译职场环境，以提升学生利用语料库提高翻译质量和效率。

第三节 技术翻译学理论的应用策略

一、应用计算机翻译技术的意义

（一）可以实现储存文本的重复使用

计算机翻译技术运用于文本文件的翻译过程中，针对不同文本格式中存在的重复、交叉、多次使用等内容，计算机翻译技术中携带的翻译记忆系统就会自动识别相关内容，可以直接转移到翻译工作区，操作人员就不用再次输入了，这就有助于节约翻译时间。这一功能就可以广泛应用于出现重复、交叉内容较多的文本，尤其是一些地名、人名与数学物理公式等。在具体操作过程中，翻译记忆系统自动生成的翻译词组数据库可以将下一组将要输入的内容进行完全匹配或模糊匹配处理，操作人员就可以直接复制数据库中出现的提示内容，完全匹配内容直接复制粘贴就行，重点关注、核对模糊匹配内容，需要再次核对、修改的内容选择另外的延伸进行标注，进行再次核实。对一些不能匹配的特殊字符、符号与字段，计算机翻译技术也可以进行自动匹配加工处理，操作人员进行重点核实就行。故此，翻译记忆数据库中存储的字符、字段越多，后续的翻译操作就更加便利，工作进度也会大幅度加速，避免不必要的重复操作，操作人员与翻译人员共同合作，重点进行核对、校对操作，达到信达雅的效果。

（二）可以实现多格式转换的翻译操作

传统的翻译过程中，针对文档、文本中存在的大量的脚注、分栏、页眉与页脚等格式设置方式，以及不同的文本格式如 CAJ、PDF、HTML 等，翻译人员就得做好先期准备工作，将其他格式的文本转化为 Word 文档，这就得耗费大量时间。尤其是在处理 PPT 格式的文档时，翻译人员需要删除原有文件、再进行重新导入文字内容，这也是一项较为麻烦的操作。在使用计算机翻译技术时，翻译人员或操作人员不需要过于关注复杂设置与文件格式问题，仅仅关注翻译内容就行，机译技术在识别到工作人员上传的文档后，SDL 技术模块会自动识别不同格式的文本内容，一旦识别到特殊格式的字符，翻译出来的内容就会呈现出不同颜色的字体，以提升操作人员进行重点关注。如果开展非技术类人文翻译时，计算机翻译技术的 SDL 模块还可以实时对时间、单位、特殊数字等字段进行智能化处理，避免了传统的需要操作人员手动输入的操作，从而大大降低了翻译劳动强度。

（三）持续提升翻译的准确度

作为一种大受欢迎的适用翻译工具，操作人员在输入操作时，会生成大量重复性文本，这些内容就会自动存储到数据库中，尤其是一些专业词语、生僻字符，一旦生成存储文件，再次出现时计算机翻译技术可以在数据库中寻找到对应内容，然后正确翻译出，这就可以进行重复内容文件、常见结构与一些专业术语进行实时翻译转换处理，有效节约翻译时间，大幅度提升工作效率。除此之外，作为一种沟通桥梁媒介，跨境交流离不开翻译媒介，传统的翻译过程中，不论是口语翻译还是笔面翻译，对翻译人员的要求十分严格，翻译人员时时刻刻处于紧张的工作状态中，有时会造成关键信息没能即时翻译出来，或者是信息丢失情况，这就会影响双方的交流效果；在使用计算机翻译技术时，人工智能的使用就可以有效提升翻译精确度，计算机的自动识别模块可以完整提取双方的语言或文本信息，及时准确翻译出制定语言，不会出现信息丢失行为，也可以确保翻译过程的连贯性，不断提升文本翻译的可读性与精确性。

二、计算机翻译技术的应用实践常见流程

（一）构建翻译系统架构

计算机翻译技术的使用，操作人员应首先构建翻译系统架构，建立起数据库作为翻译信息源，完整的翻译系统架构应包括用户管理、文本管理、专业术语数据库管理、翻译过程管理、自动校对、检索管理与 CAT 数据库等模块。然后，工作人员创建出索引关系，对一些重点文本、格式、特殊字符、符号等重点词语，形成译文底稿，重点储存，作为后续翻译的蓝本；还应设置好自动校对操作，最终形成翻译文本。设置结束后，操作人员就可以按照系统提示进行翻译操作，开启翻译记忆数据库管理功能，选择合适的译文通道进行匹配翻译，同时起到校对模块，边翻译边核对，不断提升翻译文本的精确度。

（二）机器翻译与计算机辅助翻译搭配使用

当前计算机翻译技术的使用存在简易化倾向，部分操作人员把需要翻译的文本复制到百度或有道网页中，点击开始翻译，然后复制出翻译内容，误以为在线翻译就这么简单，殊不知，这种简易化操作会形成僵硬、错误百出甚至是字面化的结果，造成大量信息丢失。故此，正确的计算机翻译技术的

使用应该是机器翻译与计算机辅助翻译搭配使用。机器翻译也叫机译，主要是利用计算机网络进行在线翻译，工作人员点击网页链接，让一种语言文本在线转化为另外一种目标语言。从词源学的角度看，机器翻译就是一种较为低级的计算机翻译，主要依靠计算机自然语言处理技术的运用，计算机按照最初的预定设计程序，将源语言自动转换为目标语言，这种技术随着计算机配置的升级、互联网技术的飞速发展、人工智能的运动得以广泛应用，而上文提供的一些网页在线，就是典型的机器翻译，这种翻译方式虽然便捷，但是翻译质量大打折扣，只能进行简易、普通文本内容的翻译，对一些重要文件、精确文本进行翻译时，如科研论文、实验报告、商务合同等，就需要搭配使用计算机辅助翻译。计算机辅助翻译拥有翻译记忆与构建术语库这两项核心技术，会根据事先设定好的程序、规则，将需要翻译的本文分解为单独的句子，甚至是单词或词组，再结合系统内的数据术语库进行自动匹配操作，然后输入对应的翻译文本，这就可以大幅度提升译文的精确性。故此，这种翻译模式深受专业人士的欢迎。

（三）校对、核对操作

翻译文本形成后，操作人员就应进行最后的校对、核对处理，操作人员可以使用 CAT 技术来进行核对操作，同时搭配 MT 技术，构建出这两项技术交叉使用的校对工作模式。这种模式可以有效发挥出 CAT 技术的技术优势，仔细核实、调整翻译内容；CAT 技术还会自动出现修改的建议条文，将核实的翻译修改建议，或者是更为准确的翻译句子推送给操作人员，以供操作人员参考，确保翻译出来的文本完完全全转换原文信息，而且更加符合目标语言的使用习惯，便于双方的沟通与理解。

三、计算机翻译技术运用实践的具体实施策略

（一）扩大文本翻译词库的储存容量

具体运用实践情况来看，计算机翻译技术有效运行的前提就是操作人员，或者使程序人员事先构建好文本翻译词库，这一词库的专业化水准越高，计算机翻译软件的语码信息转换就越精确，因为词库与词典不同，只有翻译文本库中存储的词条与译文内容实现一一对应，才能确保准确地翻译出输入内容。故此，后台操作人员、程序设计人员就应加大对翻译文本库的代码写入力度，不断扩大翻译文本库的存储容量，才能有效提升计算机翻译技术的工作效率，译文也更加精确、通畅与流利。

（二）持续更新翻译语料库

操作人员、翻译人员在使用计算机翻译技术进行译文操作时，后台技术模块就会自动生成翻译语料数据库，这一数据库就会存储大量语码内容。操作人员在开启新的翻译操作时，计算机就会自动识别以前出现的语码信息内容，直接显示翻译结果，供操作人员进行识别、甄别与选择。尽管需要翻译的内容过于庞大，语句、段落重复的频率较低，但是一些常用的单词、语句、符号、公式等，重复出现的频率较高，有时还会出现内容完全相同的语句。这些常用内容就可以直接写入翻译语料库中，尤其是一些经常使用的语句，操作人员也可以激活计算机翻译技术的语句存储记忆功能，把这些句子自动写入翻译语料库，持续更新翻译语料库，便于后续翻译操作。随后的翻译操作时，一旦计算机提示出现现成翻译语料，操作人员直接复制就行，这就有助于提升翻译工作效率。

（三）有效使用翻译文本术语

在翻译实践开始前，计算机翻译技术会对翻译文本进行预处理，涵盖文

档拆分、术语提取和预翻译等。提取翻译文本术语后，文本语言亦会获得统一化规范。同时，翻译工作者所译内容亦会在翻译数据库当中进行即时传输，文本审校工作者在得到翻译文本后对其实施审核，经过这一系列流程，审校工作质效可得到明显提高。面对一个翻译文本，计算机翻译技术会提取文本内容中包含的专业领域特殊词汇，把提取的翻译文本术语导入术语库当中，如此一来，翻译效率便会得到有效提升。现阶段，计算机翻译技术提取翻译文本单个术语的速度更快、效率更高，而在提取多词汇术语方面的速率相对较慢。计算机翻译技术中，术语管理是较为关键的功能，每个翻译文本均涵盖一定数量的术语词汇，如医学类文本涵盖诸多专业性术语，在具体翻译工作中，针对专业术语实施有效管理，可确保专业术语在翻译文本当中始终保持统一性，在审核校对译文时亦需要针对该问题实施严格控制。若在译文当中存在术语翻译不一致问题，会导致上下文脱离，使译文质量有所降低。因此，应通过计算机翻译技术设置翻译文本术语管理工具，面向专业性术语词库实施规范管理。在该管理平台当中，翻译工作者可构建包含多个专业术语词汇的表格。翻译技术在实施文本翻译实践过程中，会自动筛选特殊结构的术语词汇，按照表格内容显示相应翻译内容。

（四）有效开展翻译文本对齐匹配操作

所谓对齐，是指让原文与译文文本能够根据翻译单位落实一一对应，计算机翻译技术可对其实施自动匹配，而翻译工作者要在此基础上实施编校，确保文本翻译内容正确性，而进行对齐的单位可界定为语句或词组。在现阶段计算机翻译技术当中，以语句为基准进行对齐设置的情况较为常见，通过文本对齐后，计算机翻译技术能够把翻译结果进行直接显示。与此同时，对齐结果亦会被导入至记忆库当中，促使翻译记忆库不断扩大，便于翻译工作者再次应用。

参考文献

[1][英]雷蒙德弗·思.人文类型[M].费孝通译.北京：华夏出版社，2002.

[2]白靖宇.文化与翻译[M].北京：中国社会科学出版社，2010.

[3]曹明海.文学解读学导论[M].北京：人民文学出版社，1997.

[4]崔长青.迎刃而解——英语写作技巧[M].北京：中国书籍出版社，2010.

[5]范祖民.实用英语修辞[M].北京：科学出版社，2010.

[6]傅敬民.实用商务英语翻译教程[M].上海：华东理工大学出版社，2011.

[7]傅克斌，罗时华.实用文体写作[M].北京：科学出版社，2010.

[8]高华丽.中外翻译简史[M].杭州：浙江大学出版社，2009.

[9]郭贵龙，张宏博.广告英语文体与翻译[M].上海：华东师范大学出版社，2008.

[10]郭著章.翻译名家研究[M].武汉：湖北教育出版社，1999.

[11]何江波.英汉翻译理论与实践教程[M].长沙：湖南大学出版社，2010.

[12]何雪娟.商务英语翻译教程[M].北京：外语教学与研究出版社，2007.

[13]何远秀.英汉常用修辞格对比研究[M].成都：西南交通大学出版社，2011.

[14]侯维瑞.英语语体[M].上海：上海外语教育出版社，1988.

[15]户思社.翻译学教程[M].北京：北京师范大学出版社，2011.

[16]黄成洲，刘丽芸.英汉翻译技巧[M].西安：西北工业大学出版社，2008.

[17]金惠康.跨文化交际翻译续编[M].北京：中国对外翻译出版公司，2003.

[18]克利福德·格尔茨.文化的解释[M].韩莉译.上海：上海译林出版社，1999.

[19]李佳.英语文体学理论与实践[M].厦门：厦门大学出版社，2011.

[20]李建军.新编英汉翻译[M].上海：东华大学出版社，2004.

[21]李克兴.广告翻译理论与实践[M].北京：北京大学出版社，2010.

[22]廖七一.当代西方翻译理论探索[M].南京：译林出版社，2004.

[23]廖英，莫再树.国际商务英语语言与翻译研究[M].北京：机械工业出版社，2004.

[24]刘军平.西方翻译理论通史[M].武汉：武汉大学出版社，2009.

[25]刘宓庆.文化翻译论纲[M].武汉：湖北教育出版社，1999.

[26]刘宓庆.文体与翻译[M].北京：中国对外翻译出版公司，2006.

[27]卢思源.新编实用翻译教程英汉互译[M].南京：东南大学出版社，2008.

[28]冒国安.实用英汉对比教程[M].重庆：重庆大学出版社，2004.

[29]戚云方.广告与广告英语[M].杭州：浙江大学出版社，2003.

[30]秦秀白.英语语体和文体要略[M].上海：上海外语教育出版社，2001.

[31]孙艺风.视角·阐释·文化——文学翻译与翻译理论[M].北京：清华大学出版社，2004.

[32]谭载喜.西方翻译简史[M].北京：商务印书馆，1991.

[33]童庆炳.文学原理教程[M].北京：高等教育出版社，2001.

[34]王秉钦.20世纪中国翻译思想史[M].天津：南开大学出版社，2004.

[35]王大来.文学翻译中的文化缺省补偿策略研究[M].北京：光明日报出版社，2016.

[36]王恩科，李昕，奉霞.文化视角与翻译实践[M].北京：国防工业出版社，2007.

[37]王佐良，丁往道.英语文体学引论[M].北京：外语教学与研究出版社，1987.

[38]韦勒克，沃伦.文学原理[M].北京：生活·读书·新知三联书店，1984.

[39]魏海波.实用英语翻译[M].武汉：武汉理工大学出版社，2009.

[40]武锐.翻译理论探索[M].南京：东南大学出版社，2010.

[41]徐宏力.模糊文艺学概要[M].沈阳：春风文艺出版社，1994.

[42]袁筱一，邹东来.文学翻译基本问题[M].上海：上海人民出版社，2011.

[43]张保红.文学翻译[M].北京：外语教学与研究出版社，2010.

[44]周芳珠.文学翻译论[M].北京：中国对外翻译出版有限公司，2014.

[45]陈明洁.文学翻译中的地域文化差异解读[J].中学地理教学参考，2023（06）：96.

[46]崔滢洁.文学翻译"六条标准"指导下的《一片叶子》汉译对比研究——以陈德文译文和唐月梅译文为例[J].汉字文化，2023（06）：169—171.

[47]段学慧.简析文化差异对英美文学翻译的影响[J].哈尔滨职业技术学院学报，2023（02）：156—158.

[48]段学慧.简析文化差异对英美文学翻译的影响[J].哈尔滨职业技术学院学报，2023（02）：156—158.

[49]冯志伟，张灯柯.机器翻译与人工翻译相辅相成[J].外国语（上海外国语大学学报），2022，45（06）：77—87.

[50]李艳旸.生态翻译学视角下复合应用型外语翻译能力培养研究[J].校园英语，2022（35）：33—35.

[51]梁济韬.浅析英汉跨文化翻译中的归化和异化[J].校园英语，2023（12）：190—192.

[52]刘普.跨文化视域下茶产品外宣翻译技巧及其应用[J].福建茶叶，2023，45（04）：109—111.

[53]刘昭，孙策.文学翻译中的异域风情再现：《老人与海》中的西班牙语词汇汉译研究[J].翻译教学与研究，2022（02）：132—149.

[54]王俊超.翻译史与译论史之辩与辨[J].翻译界，2023（01）：90—103.

[55]蔚艳梅.英语翻译中跨文化视角转换及翻译技巧分析[J].鄂州大学学报，2023，30（02）：35—37.

[56]于文豪.机器翻译与人工翻译的翻译单位对比研究[J].校园英语，2023（06）：190—192.

[57]张保红.文学翻译的学思用[J].英语世界,2023,42(02):121—123.

[58]张晶灿.探究生态翻译学视角下的网络流行语英译[J].西部学刊,2022(17):169—172.

[59]赵现标.基于生态翻译学视角的茶文化翻译方法研究[J].福建茶叶,2023,45(03):149—151.

[60]周颖莹.英语翻译中跨文化视角转换及翻译技巧[J].英语广场,2023(07):36—39.